Sylvia Browne

Chancen in jeder Beziehung

SYLVIA BROWNE

# Chancen in jeder Beziehung

## Spirituelles Wachstum durch deine Begegnungen

Aus dem Amerikanischen von Klara Deichsel

SILBERSCHNUR

Originaltitel: "Spiritual Connections - How to Find Spirituality Throughout All the Relationships in Your Life"


ISBN: 978-3-89845-276-2

1. Auflage 2009

Übersetzung: Klara Deichsel
Gestaltung & Satz: XPresentation, Boppard
Druck: Finidr s.r.o. Cesky Tesin

Verlag "Die Silberschnur" GmbH · Steinstraße 1 · D-56593 Güllesheim
www.silberschnur.de · E-Mail: info@silberschnur.de

# Widmung

Für Gina und Nancy und meine heiß geliebten Enkel,
für all diejenigen, die ich liebe, geliebt habe und lieben werde -
- und für alle, die diese Liebe erwidert haben.
Gott segne dich, jeden von euch.

# Inhalt

# Einführung

Es sind schon etliche Beziehungsratgeber verfasst worden - ihre Themen reichen von "Tipps für ein besseres Sexleben" über "Verheiratet sein und bleiben" bis hin zu "Die Scheidung angenehm gestalten". Allerdings habe ich noch keinen Ratgeber entdeckt, in dem es um die spirituelle Beziehung zu den Menschen ging, die in unserem Leben eine Rolle spielen. Es gab auch keinen, in dem unser Leben im Zusammenhang mit den eigenen Lernprozessen betrachtet wurde. Deshalb wollte ich im vorliegenden Buch vor dem Hintergrund meiner Lebenserfahrung und meiner langjährigen Erfahrung mit Aurareadings der Frage nachgehen, wie sich unsere Lebensthemen auf die Gestaltung unserer Beziehungen auswirken.

Sie begegnen zahllosen Menschen in Ihrem (oder Ihren) Leben, und dieses Buch soll veranschaulichen, wie jeder Einzelne davon Ihr Leben prägt. In Ihrem Lebensentwurf, der entstand, noch bevor Ihr jetziges Leben begann, wurde zu jeder Begegnung, wie flüchtig, nervenaufreibend oder nachteilig sie auch scheinen mochte, bereits alles festgeschrieben. In diesem Buch führe ich Sie also durch die verschiedensten Beziehungen - von der Familie über Freunde und Liebespartner bis hin zu Kollegen, Mitschülern, Kontrahenten und sogar Gott. Jede dieser Begegnungen ist eine Stufe auf der Leiter Ihrer persönlichen Entfaltung, und ich versichere Ihnen, dass Sie Ihre Mitmenschen - und das Leben! - künftig mit anderen Augen betrachten werden.

Natürlich gibt es Menschen, die Ihre Geduld auf die Probe stellen, aber sie bringen Ihnen auf Ihrem Lebensweg und auf der Reise ins Jenseits auch Erleuchtung. Wie Sie diesen Menschen begegnen, entscheidet über Ihr Vorankommen. Bei meinen Vorträgen habe ich es auf folgenden Nenner gebracht: Menschen können uns krankmachen oder aber guttun, doch jede Begegnung ist eine Gelegenheit, um etwas zu lernen.

Auf den nachfolgenden Seiten zeige ich lediglich, auf welche Weise Sie spirituell mit jedem einzelnen Menschen in Ihrem Umfeld verbunden sind. Im ersten Teil gehe ich kurz auf Beziehungen ein, die für die meisten von uns eine Rolle spielen, nur um Ihnen vor Augen zu führen, mit wie vielen Seelen Sie täglich interagieren (und ich verrate Ihnen bei der Gelegenheit auch ein paar Einsichten, zu denen ich über die Jahre gelangt bin und die im Umgang mit diesen Menschen hilfreich sein können). Im zweiten Teil gehe ich dann näher auf die Lebensthemen ein, die jeden von uns beherrschen, damit Sie verstehen, warum manche Beziehungen so gewinnbringend waren, andere dagegen gänzlich unerfreulich.

Krempeln Sie also die Ärmel hoch, gehen Sie das Wagnis ein und nehmen Sie das komplizierte Puzzle des Lebens in Angriff! Und vielleicht erkennen Sie ja dabei, dass, wie bei vielen Dingen, die wir uns hart erarbeiten, die spirituelle Seite durch und durch unkompliziert ist.

# Teil I

# Mit wem sind wir verbunden?

## KAPITEL 1

# Tagtägliche Begegnungen

Beginnen möchte ich dieses Buch mit den Menschen, die Sie vielleicht nicht unbedingt als "wichtig" erachten, die aber für unser tägliches Dasein von entscheidender Bedeutung sind. Ich nenne sie unsere "lieben Helfer". Dazu zählen Menschen wie der Automechaniker, die Kosmetikerin, der Friseur, die Metzgerin, unsere Lieblingsbedienung, die Frau im Reisebüro, der Taxifahrer, der Getränkelieferant, der Gärtner, der Installateur, der Maler, der Kammerjäger, die Elektrikerin, die Briefträgerin, die Bankkassiererin, die Haushälterin, der Verkäufer im Laden an der Ecke, die Ärztin und viele andere, deren Hilfe wir in Anspruch nehmen. Natürlich auch der Schornsteinfeger, die Tierärztin, der Hundesitter, der Juwelier und so weiter und so fort ... All diese Menschen erleichtern uns den Alltag, und nur allzu oft nehmen wir es als selbstverständlich hin.

Auch wenn Sie nicht persönlich mit ihnen in Verbindung treten, so können Sie sich hoffentlich mit einigen der Seelen anfreunden, die täglich *meine* Wege kreuzen. Nehmen wir meinen Friseur. Er heißt Isaac, und ich gehe jetzt seit zwölf Jahren zu ihm. Meine Haarfarbe ist nämlich *nicht* naturblond, sondern vielmehr ein undefinierbares, wenig attraktives Braun, weswegen ich meine Haare auch färbe. Ich habe miterlebt, wie Isaacs erstes Kind auf die Welt kam, und während unserer Scheidungen haben wir uns gegenseitig bemitleidet. Wir tauschen uns über gemeinsame Bekannte aus, über unsere Reisen und unsere Familien.

Zu meiner Nagelpflegerin gehe ich auch schon seit 13 Jahren ungefähr alle zwei Wochen. Im Gegensatz zu meiner Haarfarbe sind meine Nägel nämlich echt! Sogar in meinem Highschool-Jahrbuch steht geschrieben: "Sylvia steht ein erfolgreicher Abschluss bevor, auf alle Fälle in puncto Nagellänge!" Wie dem auch sei: Wir zwei reden und lachen jedenfalls sehr gern miteinander. Und dabei ist sie alleinerziehende Mutter eines Sohnes, was manchmal schwierig sein kann. Als sie einmal meine Hände massierte, nahm ich ihre und sagte: "Dieses Jahr wird alles gut, und ich habe Sie sehr gern." Sie musste innehalten, weil ihr die Tränen kamen, und als ich ging, umarmte sie mich fest.

Bei mir in der Nähe gibt es ein Fischlokal, in dem ich für mein Leben gern esse. Wenn ich hereinkomme, herzt mich der Besitzer, fragt, wie es mir geht, und plaudert mit mir über seine Familie. Oder das kleine italienische Restaurant mit der Bedienung, die, egal wie heiß ihr ist oder wie gestresst sie sein mag, immer auf mich zugelaufen kommt und mich als Erstes umarmt - und mir dann immer ein Fleischbällchen extra gibt! Genauso bei Laura at Gioia (eine kleine Boutique in Santa Monica, in die ich immer einen Abstecher mache, wenn ich in Los Angeles bin); deren Besitzerin legt Sachen für mich beiseite, von denen sie glaubt, sie könnten mir gefallen. Kürzlich hat sie sich ein Haus am Meer gekauft und ist jetzt rundherum glücklich.

Gemeinsam mit meinem Sohn Chris, der auch ein Medium ist, beschäftige ich einen Gärtner. Wenn er den Rasen schneidet und die Blumen pflegt, gehe ich immer hin und halte einen Plausch mit ihm. Oft geht es darum, dass man sich im Leben nicht unterkriegen lassen darf und wie man das anstellt. Er ist schlagfertig, klug und empfindlich (wie wir alle), aber wenn wir uns sehen, haben wir immer ein Lächeln füreinander.

Dann wären da noch Sylvester, mein Mann für den Sound, der mich schon seit Jahren begleitet und mir unterwegs behilflich ist, oder mein Freund Joe, der Fernsehspezialist. Als er vor Längerem meinen neuen DVD-Player anschloss, habe ich ihn gefragt, was ich ihm schulde. Lächelnd sagte er: "Ich geb' einen aus!" Solche Menschen sind Teil unseres Daseins - und manchmal gehen wir einfach ganz selbstverständlich davon aus, dass es sie gibt.

Meine Großmutter summte immer folgende Liedzeile vor sich hin: "Hast du sie alle lieb, den Schuster wie den Metzger, Bäcker oder Kerzendreher, dann kommt die Liebe auch zu dir zurück!" Was für ein blöder Spruch, dachte ich immer, und: Wer soll denn dieser Kerzendreher sein? Aber darum ging es nicht. Sie erinnerte mich nur daran, dass Liebe ganz unterschiedlich aussehen kann.

## Liebe ist überall

Nehmen Sie sich einen Augenblick Zeit, und denken Sie an all die Menschen, die in Ihrem Leben eine Rolle spielen. Wie können wir uns eigentlich einsam fühlen, angesichts von Milliarden von Menschen, von denen jeder Einzelne wichtig und bedeutsam ist? In unserer schnelllebigen Gesellschaft bleibt jedoch keine Zeit für die Verkäuferin im Laden um die Ecke. Es gibt überhaupt keine Auszeiten mehr. Familientreffen, Gespräche beim Abendessen, gemeinsame Ausflüge - was ist daraus geworden? Selbst die Ferien wollen wir so sehr genießen und die Zeit so gut nutzen, dass wir am Ende völlig ausgelaugt zurückkommen, gereizter als zuvor.

Dieses hektische und stressige Drumherum ist oft die Ursache dafür, dass wir gar nicht wahrnehmen, wie viel Freude wir aneinander haben. Neulich habe ich beispielsweise bei Starbucks gesessen und einen Kaffee getrunken, die erste Frühlingsluft eingesogen und bei der Gelegenheit zufällig ein Gespräch zwischen einem Mann und einer Frau mitangehört.

Sie sagte: "Du beachtest mich überhaupt nicht mehr."

Er entgegnete: "Doch, aber du erwartest so viel, dass ich gar nicht derjenige sein kann, den du haben willst."

"Dann will ich dich eben nicht", antwortete sie.

Ich habe mich gefragt, ob sie wohl wusste, was sie wollte, oder er auch nur ansatzweise versucht hatte, es herauszufinden. Und so einfach es auch klingt, ich habe mich gefragt, ob es wohl anders gewesen wäre, wenn sie nur dagesessen und es Händchen haltend genossen hätten, zusammen Kaffee zu trinken.

Es ist so oft von Kommunikation die Rede, und tatsächlich ist es auch sehr wichtig zu kommunizieren, aber manchmal gibt es auch zu viel "Mitteilungsstress", wie ich es nenne. Anders ausgedrückt: Meistens sagen wir nicht, was wir meinen, oder wir erwarten von den anderen, dass sie Gedanken lesen und die Mauern, hinter denen wir uns verschanzen, niederreißen.

Fragen Sie sich nur mal, wann Sie zum letzten Mal gelacht haben. Oder zuletzt mit dem Gedanken aufgewacht sind, welche Freuden der Tag wohl für Sie bereithält! Ich weiß, dass uns das Leben mürbe machen kann und wir uns dann mitten im Strom des Lebens leidenschaftslos fühlen, weil wir vergessen, was Spiritualität bedeutet und auf welche Weise jeder Mensch, mit dem wir täglich umgehen, unser Leben prägt. Ob wir es wahrnehmen oder nicht, wir holen uns etwas von den Menschen, denen wir begegnen, bewahren hoffentlich das Gute und werfen das Schlechte über Bord. In jedem Leben haben uns die Menschen, mit denen wir in Berührung gekommen sind, Wissen und Erfahrungen vermittelt, während unsere ureigene Persönlichkeit unverändert bestehen bleibt.

Wenn wir das Wesen unserer Persönlichkeit verlieren oder unsere Kräfte vergeuden, werden wir depressiv oder orientierungslos. Wenn wir uns zu sehr mit einem anderen Menschen identifizieren, verlieren wir uns selbst, und dann befällt uns die Sinnlosigkeit. Kein Wunder, dass unsere Gesellschaft so angeschlagen und mutlos ist. Bei meinen Lesungen, Readings und TV-Auftritten frage ich immer wieder, ob sich die Menschen heute depressiver und erschöpfter fühlen, was viele bejahen. In unserer Kultur wird immer weniger kommuniziert, wir zeigen oder benennen unsere Gefühle nicht mehr - aus Angst, als schwach, dumm oder auch bloß als versponnen zu gelten.

Wir haben so viel von dieser spirituellen Liebe verloren, mit der wir jedem Menschen begegnen sollten. Ich bin überzeugt, dass das unmittelbar mit unserer gehetzten Gesellschaft zusammenhängt, denn ich weiß, dass es nicht immer so war. Ich erinnere mich zum Beispiel furchtbar gern an Al, unseren Eismann (das war noch lange, bevor es Kühlschränke gab). Als junges Mädchen lief ich ihm mit meinen Freunden hinterher, und er brach uns lachend ein Stück Eis herunter - an diesen heißen Tagen in Missouri gab es nichts Besseres. Ich sehe noch sein Grinsen und seine funkelnden blauen Augen vor mir, und was für eine Freude er daran hatte, als "Eiswagenkönig" ein paar gefrorene Splitter an die schwitzenden, aber dankbaren Kinder zu verteilen.

Solange mein Vater Postbote war, hatte er eine gleichbleibende Runde und kam an Weihnachten mit Krawatten, Schokolade und (als Nichttrinker!) Whiskey beladen zurück - lauter Geschenke von Menschen, mit denen er sich auf seiner Route angefreundet hatte. Später wurde er Vizepräsident einer der größten Transportgesellschaften in Kansas City, aber er vergaß nie den Mann, der seine Hemden bügelte, oder den Händler, der das beste Stück Fleisch für ihn beiseitelegte. Und als er erfuhr, dass es unserem Postboten schecht ging, fuhr Daddy mich hin, damit ich ihm etwas zu essen und einen Weihnachtsbaum bringen konnte. Während der Fahrt musste ich den Baum aus dem Fenster halten, und es war so kalt, dass ich dachte, mir würden die Finger abfrieren. Mein Vater sah mich an und sagte: "Sylvia, denk' nicht an die Kälte, sondern daran, wie warm dieser Familie ums Herz wird." Ich schwöre bei Gott, dass meine Finger auf wundersame Weise warm wurden.

Jahre später, als ich in St. Martin's in Sunnyvale, Kalifornien, unterrichtete, besuchte ich jeden Montag zusammen mit zwei Nonnen alte und kranke Menschen. Man konnte in ihren Gesichtern eine immense Liebe und Freude erkennen.

*Alle* Menschen, die ich in diesem Kapitel beschrieben habe, genauso wie diejenigen, die ich nicht beschrieben habe, stehen mit uns in liebender und spiritueller Beziehung. Sie geben unseren Herzen Auftrieb - nicht jene hormonell bedingte Energie, die Herzklopfen verursacht, sondern eine andere Art der Begeisterung. Ich bin überzeugt, dass genau das oft vorschnell auch als "Gnade" bezeichnet wird, obwohl eigentlich die Liebe Gottes gemeint ist, die über uns kommt. Dieses Geschenk bringt uns weg von dem ermüdenden "Und-was-ist-mit-mir"-Reflex, der nur dazu führt, dass wir uns in uns selbst und unser vermeintliches Elend zurückziehen.

Halten Sie also jetzt inne, und denken Sie an all die Menschen, die Sie glücklich machen, wie auch an jene, die umgekehrt durch *Sie* glücklich werden. Wenn Sie der Ansicht sind, es würde niemanden geben, sollten Sie sich schleunigst besinnen und auf der Stelle damit beginnen, Ihren Mann oder Ihre Frau von Herzen zu lieben. Sie müssen nämlich nicht unbedingt verliebt sein, um lieben zu können ...

KAPITEL 2

# Menschen in der Schule und am Arbeitsplatz

In diesem Kapitel geht es um Beziehungen in der Schule und am Arbeitsplatz, die für die Zukunft erstaunlicherweise ähnlich prägend sind wie unser Familienleben (auf das ich im nächsten Kapitel zu sprechen kommen werde).

## Lehrer und Mitschüler

Die Schule ist ein Mikrokosmos des Lebens, denn unsere Selbstwahrnehmung in den frühen Jahren beeinflusst uns bis ins Erwachsenenalter hinein. Wenn wir in der Schule beliebt waren und später entdecken, dass es im wirklichen Leben niemanden interessiert, dass wir die Abschlussballkönigin oder der große Basketballstar waren, gibt es unter Umständen ein böses Erwachsen. Waren wir dagegen Streber oder Außenseiter, kann sich das Gefühl verfestigen, ignoriert oder verspottet zu werden, worauf wir mit Rückzug reagieren. Mit anderen Worten: Es sind prägende Jahre.

Da ich auch Lehrerin war, habe ich beide Seiten kennen gelernt. Ich war kein schüchternes Schulkind, sondern eher aufbrausend, vor allem, wenn ich etwas für ungerecht hielt. In der Schule war ich gut, aber erst auf der Uni fühlte ich mich wirklich gefordert. Da ich mich in der Regel langweilte, konnte ich auch nicht still sitzen und quatschte ständig dazwischen. Aber mein Humor hat mich immer gerettet - im Verbund mit dem Glauben, dass Gott alle Menschen liebt (mich eingeschlossen), wowon meine Großmutter mich überzeugt hatte. Mir erschien das höchst plausibel, obwohl ich Freddy beispielsweise ganz und gar nicht mochte, weil er mich in der Grundschule immer gequält und später, als wir auf der höheren Schule waren, auf dem Nachhauseweg immer getriezt hat ... Bis ich irgendwann mit einem Schirm so fest auf ihn einschlug, dass Ersterer zerbrach. Ich bin nicht gewalttätig, aber das Maß war voll!

Idealerweise begegnet man Mitschülern und Kommilitonen jedoch freundlich und mit Respekt, denn hier können Beziehungen entstehen, die ein Leben lang halten. Natürlich gab es auch damals schon Banden, aber alle, mit denen ich aufgewachsen bin, haben einen Beruf erlernt und eine Familie gegründet; niemand ist im Gefängnis gelandet. Vielleicht war damals tatsächlich noch alles anders, aber Respekt, Anstand, Beharrlichkeit im Studium und Engagement für die Gemeinschaft sind zeitlose Eigenschaften.

Wenn Sie Ihre Schulzeit nicht mit derlei Gefühlen verbinden, sollten Sie vielleicht gedanklich noch einmal dorthin zurückkehren und überdenken, was Sie als Schüler und Studentin anders gemacht hätten. Versuchen Sie, es in Ihrem jetzigen Leben zu vollenden. Vielleicht hat man Sie wirklich nicht gemocht - möglicherweise waren Sie komisch angezogen oder hatten eine merkwürdige Frisur oder schwere Akne -, aber die Vergangenheit ist vorbei; was zählt, ist die Gegenwart. Sorgen Sie dafür, dass die Dinge, die Sie gelernt haben, Sie in Ihrer Spiritualität bestärken, statt Sie zu behindern.

Ganz wichtig ist, dass viele Lehrer uns, wenn wir nur die richtige Haltung entwickeln, als Mentor oder Vorbild dienen können. Wie gern denke ich zum Beispiel an meine Englischlehrerin, Schwester Marcella Marie zurück. Schon der Besuch des Klassenzimmers war eine Freude. Anders als die anderen Nonnen hatte sie es nämlich mit Blumen und Statuen geschmückt. Sie hatte den göttlichen Funken und ging auch ohne Weiteres auf die sozialen, religiösen oder sexuellen Sitten in der Literatur ein. Ich mochte sie, weil sie so umgänglich war und weil sie auch den düstersten Dramen etwas abgewinnen konnte. Sie war (neben meiner Großmutter) der Mensch, der mir die Liebe zum geschriebenen Wort vermittelte und mir offenbarte, welche Kraft darin steckt.

Schwester Marcella Marie ermunterte mich zu schreiben. Wenn ich mein erstes Buch auch erst im Alter von 49 fertig schrieb, erhielt ich im Laufe der Jahre doch viele Preise, darunter den Golden Echo für Dichtung, und ich gewann einen landesweiten Essaywettbewerb. Sie sagte immer: “Du musst schreiben, was du fühlst, und fühlen, was du schreibst.” Sie war auch diejenige, die mich davon überzeugte, dass ich selbst einmal eine gute Lehrerin abgeben könnte.

Auch die Beziehungen zu den Schülern, die ich über 18 Jahre unterrichtet habe, sind eine Herzensangelegenheit, und ich werde sie immer pflegen. Jedes Jahr im Herbst nahm ich mir vor, nicht ganz so intensiv auf die jungen Menschen einzugehen, und doch war es jedes Jahr, als wären es meine eigenen Kinder. Schmerzvoll erinnere ich mich daran, wie die Mütter mir die schluchzenden jungen Wesen am Ende der letzten Stunde entreißen mussten. Obwohl ich im Anschluss daran einen Monat lang völlig erschöpft war, hätte ich ihre unbefangene Liebe gegen nichts in der Welt eingetauscht.

Kürzlich schrieb mir ein Arzt, den ich in der vierten Klasse unterrichtete, einen Brief, in dem nur der folgende Satz stand: “Heute bin ich der, der ich bin, weil Sie an mich geglaubt haben, als ich mich nur als komischen Kauz empfand." Es sind solche Erlebnisse, die mich dazu bringen weiterzumachen.

Man ist jedoch nicht zwangsläufig ein großartiger Mentor, denn man kann Kinder nicht an der Nase herumführen. Sie wissen genau, ob man sie liebt - und wenn nicht, sollte man auch nicht mit ihnen arbeiten. Aber ich hatte zweifellos eine starke Bindung zu meinen Schülern. Als ich nach vielen Jahren für einen Vortrag nach Kansas City kam, erwarteten mich in den ersten drei Reihen ehemalige Drittklässler. Und einige der Studenten, die ich an der Universität unterrichtet habe, pflegen seit den sechziger Jahren den Kontakt zu mir. Diese Männer und Frauen haben mir in all der Zeit viel Liebe geschenkt und mein Leben um wertvolle Eindrücke bereichert.

## Am Arbeitsplatz

Wenden wir uns jetzt den Beziehungen zu, die am Arbeitsplatz entstehen und die wunderbar - oder auch eine Qual sein können. Ich höre praktisch täglich von Menschen, die ihr berufliches Umfeld als übermäßig politisiert oder kommerzialisiert empfinden oder von ihren Arbeitgebern behaupten, sie würden andere, sobald es ums Geld geht, täuschen oder übers Ohr hauen. Wenn Sie an einem solchen Ort beschäftigt sind, sollte nach meinem Dafürhalten keine noch so große Sicherheit mehr zählen als die Würde Ihrer göttlichen Mitte. Damit meine ich nicht, dass Sie den Leuten ständig predigen und spirituelle Überzeugungsarbeit leisten sollen, aber es gibt so etwas wie anständiges und redliches Benehmen. Niemand ist so dumm, dass er üble Geschäftspraktiken nicht auf Dauer durchschaut.

Nehmen wir an, Sie hätten einen unverschämten, sehr fordernden, egozentrischen und restriktiven Chef ... Und zudem Kollegen, die entweder kuschen oder sich gegenseitig unter Druck setzen, um sich die Anerkennung dieses Menschen zu sichern, von dem angeblich alle wirtschaftlich abhängig ist. In einer solchen Situation, in der Sie nur verlieren können, sollten Sie gehen. Die Negativität, der Sie täglich ausgesetzt sind, wird wuchern wie ein Krebsgeschwür, und ein Leben in Angst hält niemand aus.

Denn so viel steht fest: Wenn Sie Ihre Arbeitssituation nicht ertragen, kann der daraus resultierende Stress Sie tatsächlich krank machen. Und was könnte schlimmer sein? Vielleicht sagen Sie: "Wenn ich keine Arbeit mehr habe, bin ich pleite und lande auf der Straße." Seien Sie unbesorgt. Denken Sie daran, dass Jesus gesagt hat, Gott werde sich um uns kümmern wie um die Lilien auf dem Feld. Es ist viel besser, kürzerzutreten und glücklich zu sein, als in einem negativ gepolten, schädlichen Umfeld zu leben. Und den Arbeitsplatz aufzugeben kommt einen wahrscheinlich nicht so teuer wie die Einlieferung ins Krankenhaus, weil die ganze Situation einen irgendwann arbeitsunfähig macht.

Sind Sie dagegen der Arbeitgeber, so schulden Sie Ihrem Unternehmen Fairness und Fleiß; Sie müssen das Richtige tun, Verantwortung übernehmen und innovativ sein. Ich sehe immer mit großem Erstaunen, wie die Menschen den ersten Schritt machen, ohne den zweiten folgen zu lassen. Sie müssen Ihre Arbeit machen, aber auch im Blick haben, was Sie verbessern können. Zu diesem nächsten Schritt gelangen Sie durch eigene Überlegung. Ich sage es nicht gern, aber ich habe schon so oft Menschen erlebt, die nicht wirklich arbeiten wollten. Man gibt ihnen eine Aufgabe, der sie aber nicht gerecht werden. Sie machen den Eindruck, als könnten sie ihre Unsicherheit nicht überwinden und nicht über den eigenen Tellerrand hinaussehen.

So wie der Chef muss auch der Angestellte fair sein und sein Bestes geben. Wenn Sie mit Freude arbeiten wollen, müssen Sie der Tätigkeit an sich gern nachgehen - und zwar nicht wegen des Gehaltszettels, der Ihnen winkt, sondern aus Stolz auf das, was Sie leisten.

❋ ❋ ❋

Können wir nicht einfach miteinander klarkommen? So abgedroschen dieser Satz auch klingen mag - er bringt es auf den Punkt: Man muss nicht jeden lieben (oder auch nur mögen), aber wenn die Kollegen ihre Sache gut machen, sollte man sie auch in Ruhe lassen und nicht seine Abneigung herauskehren. Das Büro ist auch ein Mikrokosmos des Universums, und ob es einem eher leicht oder eher schwerfällt: Man lernt nie aus. Außerdem kostet Liebe nichts. Hass, Neid und Missgunst dagegen nehmen einem viel, denn Gott ist Liebe, und wir sind aus Ihm hervorgegangen. Sich gegenseitig zu lieben, ist Teil unserer geistigen DNA.

Allerdings weiß ich sehr wohl, wie schwierig zwischenmenschliche Konstellationen sein können. Als ich noch unterrichtete, geriet ich in eine unangenehme Situation mit einer Sportlehrerin, und es gab auch eine Nonne, die Literatur unterrichtete und mich nicht ausstehen konnte. Ich quälte mich damit herum, bis mich eines Tages eine meiner Studentinnen im Büro aufsuchte. Sie nahm Platz, sah mir in die Augen und sagte: "Wissen Sie, warum die beiden Sie so gering schätzen? Weil wir Sie alle so mögen."

Ich war völlig perplex und dachte lange darüber nach. Ich befragte meine Geistführerin Francine (von der ich später noch berichten werde): "Warum hat jemand ein Problem damit, dass jemand anderes gemocht wird?"

"Es gibt viele Menschen, denen Eifersucht ebenso fremd ist wie dir. Deshalb verstehst du das nicht."

Wahrscheinlich hat es mir die Sache etwas erleichtert, aber ich bin der Ansicht, dass Eifersucht zu den überflüssigen Gefühlen gehört. Ich habe in dieser schwierigen Zeit einfach weitergemacht und versucht, mich auf meine Studenten zu konzentrieren, aber es war eine schmerzliche Lektion. Damals habe ich den festen Entschluss gefasst, in meinem eigenen Unternehmen, sofern ich je eines hätte, dafür zu sorgen, dass niemals Geiz oder Eifersucht aufkommen würde - was mir Gott sei Dank auch gelungen ist.

Abgrenzungsprobleme können an jedem Arbeitsplatz entstehen, aber man kann sie entschärfen, indem man jeden mit der Arbeit des anderen vertraut macht (sofern das praktikabel ist) oder die Positionen nach dem Prinzip der Jobrotation von Zeit zu Zeit neu besetzt. Das kann auch sinnvoll sein, wenn häufige Abwesenheit ein Problem ist, denn mehr Flexibilität unter Arbeitnehmern bedeutet weniger Verlust an Produktivität. Bei meinen Mitarbeitern kann jedenfalls jeder für den anderen einspringen.

Ich versuche meinen Angestellten auch meine Wertschätzung zu vermitteln und bin wirklich zufrieden, denn obwohl es durchaus Unstimmigkeiten gibt, halten wir doch zusammen, weil wir viele Überzeugungen teilen. Als Chefin mehrerer Unternehmen und Oberhaupt einer Kirchengemeinde versuche ich, möglichst fair und verständnisvoll zu sein (was mir nicht immer gelingt). Wenn ich nicht da bin, hat Gott sei Dank nach all der Zeit, die wir uns kennen, auch jeder Verständnis. Ich habe auch immer wieder gesagt, dass Höflichkeit zwar unverzichtbar ist, man sich umgekehrt aber auch nicht verleumden, anbrüllen oder sonstwie schlecht behandeln lassen muss. Der Kunde ist eben nicht grundsätzlich im Recht, wenn er sich schäbig benimmt. Durch Schreien erreicht man nichts, und der andere darf in seiner Würde nicht herabgesetzt werden. Gott sei Dank werden wir fast nie so behandelt; ich bin auch überzeugt, dass Menschen die Absichten und Motive anderer schnell durchschauen.

Es mag Sie überraschen, aber in geschäftlichen Dingen bin ich bei Partnerschaften grundsätzlich skeptisch. Manchmal geht die Rechnung auf, aber ich weiß aus Erfahrung, dass es noch häufiger endet wie eine schlechte Ehe und einer den Löwenanteil einstreicht, während der andere leer ausgeht. Habgier hat keinen Platz in der Arbeitswelt und auch in keiner Partnerschaft, aber leider macht sie sich immer wieder breit. Sofern also kein höherer Zweck verfolgt wird, sollten wir keine Geschäftsbeziehungen eingehen, nur weil die Verlockung groß ist.

Zuletzt möchte ich noch daran erinnern, dass es im Leben immer auch einen Ausweg gibt, wenn man ihn nicht vor lauter Überforderung gar nicht erst erkennt. Ich gebe Ihnen mein Versprechen: Gott sorgt für uns. Ich weiß es und habe es selbst immer wieder erlebt und auch bewiesen. Stellen Sie sich vor, was Sie glücklich machen würde, und sprechen Sie es laut aus. Es wird eintreffen. Und denken Sie immer daran, dass in unserem Leben immer wieder Menschen wie Schwester Marcella Marie als spirituelle Boten auftauchen – wenn wir offen genug sind, um sie wahrzunehmen.

## KAPITEL 3

# FAMILIENMITGLIEDER

In diesem Kapitel (wie auch in den nachfolgenden des ersten Teils) widme ich mich den noch tiefer gehenden zwischenmenschlichen Beziehungen, die unsere Seelen sehr stark prägen und sich auf unser gesamtes Leben auswirken. Womit wir bei der Familie wären ...

## Die Eltern-Kind-Verbindung

Es heißt, dass unsere Eltern uns beibringen zu lieben. Auf mich trifft das insofern nicht zu, als es bei mir meine Großmutter Ada und mein Vater waren, mit Sicherheit jedoch nicht meine Mutter. Es stimmt, dass sie in einer Zeit aufgewachsen ist, als Frauen außerhalb von Ehe und Familie nicht viele Möglichkeiten offenstanden und sie den Übergang vom Elternhaus ins Eheleben im fliegenden Wechsel absolvierten. Sehr viel anders war das zu meiner Zeit allerdings auch nicht. Ich erinnere mich an zwei Mädchen aus der höheren Schule, die sich nach dem Abschluss gemeinsam eine Wohnung nahmen. Sie wurden als "Gespielinnen" tituliert und blieben auch später immer unverheiratet.

Meine Mutter war ein ausgesprochen unglücklicher Mensch, und dass sie medikamentenabhängig war, begriff ich schon sehr früh. Ich glaube, das ist auch der Grund, weswegen ich bis heute Probleme mit Schmerzmitteln und selbst mit einem Narkotikum wie Novocain habe. Es ist wohl kein Zufall, dass meine Penicillin-Allergie erstmals in der Zeit auftrat, als ich begriff, dass meine Mutter ihre "Pillen" brauchte (damals war ich ungefähr zwölf). Von da an wurde es immer schlimmer, so dass ich bis heute empfindlich auf viele Medikamente reagiere, die andere regelmäßig einnehmen.

Ich glaube, dass wir eine gewisse Anfälligkeit für "familiäre Gebrechen" auch entwickeln, indem wir uns einreden, sie seien ererbt. In der Tat glaube ich, dass Sucht eine Krankheit ist, die jedoch geheilt werden kann, sofern wir sie bewusst als Bewährungsprobe für unser geistiges Wachstum verstehen. Man macht es sich zu leicht, wenn man sagt: "Ich trinke, weil ich aus einer Alkoholikerfamilie stamme."

Kürzlich begegnete ich beispielsweise in einem Restaurant einem Mann, der sagte, seine Eltern seien Alkoholiker gewesen und deshalb sei er heute auch Alkoholiker. Ich hielt dagegen: "Es war Ihre eigene Entscheidung zu trinken. Mehr noch: Wenn Sie wussten, dass Ihre Eltern Alkoholiker waren, hätten Sie sich Hilfe holen können, um Ihre angeblich ererbte Schwäche zu überwinden." Ich setzte noch eins drauf: "Und da beide Eltern an Leberzirrhose gestorben sind, ist es auch keine Meisterleistung, ihnen nachzueifern."

Er entgegnete: "Wahrscheinlich habe ich auch das im Blut."

"Nein", erwiderte ich, "im Blut hat man, dass man eine Krankheit überwindet und sie einen nicht aus der Bahn wirft, damit man das dann als Entschuldigung dafür hernimmt, dass man trinkt."

Eine Weile saß er sprachlos da und bestellte sich dann bei der Bedienung noch etwas zu trinken. Dass unser Gespräch keine unmittelbar positive Wirkung auf ihn hatte, ist mir klar. Wir können nur säen, und nicht immer geht die Saat auf, doch sollten wir uns nicht davon abbringen lassen, den Samen mit viel Liebe und Umsicht in den Boden zu setzen.

Meine Mutter war Opfer und Märtyrerin, und sie benutzte mich, damit mein Vater bei Laune und überhaupt bei uns blieb. Ich war sein Augenstern, und folglich lautete ihr Lieblingssatz: "Geh und heitere Daddy auf, damit er gut gelaunt ist." Ich hasste es, aber später kam es mir zugute, weil ich schon früh schauspielerisches Talent entwickelte.

Zeichen der Zuneigung oder liebevolle Worte waren nicht die Stärke meiner Mutter; sie verstand sich ausschließlich auf Kritik. Ich war zu groß, mein Haar zu widerspenstig, und sie nahm es mir übel, dass ich meinen Vater glücklich machte (obwohl sie selbst mich dazu aufforderte). Ich merkte schon sehr früh, dass ich ihr nichts recht machen konnte. Statt also immer mehr und noch mehr auszuhalten, begann ich irgendwann, sie zu ignorieren und konzentrierte mich auf die warmherzige Liebe meiner Großmutter, meines Onkels und meines Vaters.

Man kann die Fehler eines oder beider Elternteile mit sich herumtragen oder daraus lernen, so dass man es selbst als Vater oder Mutter besser macht. Wenn man es im Leben nicht schafft, Negatives in Positives umzuwandeln, vergeht die Zeit, ohne dass man dazulernt, und irgendwann landet man in einer spirituellen Bankrottsituation. Ich persönlich hatte bei meiner Mutter immer automatisch vor Augen, was ich selbst nie sein oder tun wollte.

Mit anderen Worten: Oft sollten wir eigentlich froh sein über solch negative Erscheinungen, denn möglicherweise fördern sie unseren geistigen Reifeprozess; sie stärken unsere Seele und machen uns zu besseren Menschen. Allzu oft nehmen Menschen ein schwieriges Elternhaus jedoch als Vorwand für eigenes Fehlverhalten, oder sie fühlen sich permanent als Märtyrer. Was für eine gigantische Zeitverschwendung! Außerdem will irgendwann niemand mehr hören, wie schlecht sie behandelt wurden und wie sie das wieder und wieder als emotionale Krücke benutzen. Wir alle machen die Erfahrung von Ablehnung und Schmerz; und wir wachsen durch die Art und Weise, wie wir damit umgehen.

### *Mütter und Töchter*

Ich selbst hatte keine gute Beziehung zu meiner Mutter, doch habe ich viele erfreuliche Verbindungen zwischen Müttern und Töchtern erlebt. Von einer Frau hörte ich, nachdem sie ihre Mutter verloren hatte, sogar den Satz: "Sie war meine beste Freundin." Einige Frauen aber haben nie die Erfahrung einer positiven Bindung gemacht. Männer tun sich anscheinend leichter damit, aber bei uns Frauen sind so viele Emotionen im Spiel, dass es uns manchmal schwerfällt, eine gemeinsame Basis zu finden. Das soll keine Kritik sein; wir sind eben so gestrickt. Mädchen haben eine enge Bindung zur Mutter, wenn sie klein sind, und übertragen ihre Gefühle dann auf ihren Vater (sofern er präsent ist). Das ist normal und gesund, denn es zeigt, dass das Mädchen versucht, sich zwischen emotionalem und linearem Verstand zu positionieren. Der Geist sucht seine Entsprechung in einem ausgeglichenen Verhältnis zwischen männlichem und weiblichem Pol; insbesondere bei kleineren Kindern ist das so.

Ein gewisser Wettstreit um die Vormachtstellung im Verhältnis von Mutter und Tochter lässt sich nicht leugnen; oft wird er ausgetragen, wenn die Tochter das Teenageralter erreicht hat. Wenn Sie in der Zeit die bittere Pille schlucken, liebevoll Hilfestellung und geistige Orientierung geben, dann werden Sie es auch überstehen. Etwas angeschlagen vielleicht, aber letztlich gestärkt. Und glauben Sie mir: Frauen, die dies lesen und daran zurückdenken, wie sie selbst in diesem Alter waren, werden es leichter haben.

Hinauszuposaunen, man selbst sei eine "mustergültige" Tochter gewesen, funktioniert jedenfalls nicht. Damit würdigen Sie Ihr Kind seelisch und in seinem Selbstwertgefühl herab. Oft sind unsere Töchter uns so ähnlich, dass das, was wir in ihnen sehen, tatsächlich nur ein Spiegel dessen ist, was wir bei uns selbst immer abgelehnt haben. Denken Sie aber daran, dass wir "Mädchen" allein schon aufgrund unserer Periode empfindsamer sind. Die meisten von uns haben schon sehr früh intensive Gefühle, schreiben Tagebuch, verfassen Gedichte und entwickeln romantische Neigungen ... Das gehört zum hormonellen Fluss. Wenn dann ein Umfeld vorhanden ist, in dem dieses emotionale Wesen keine Beachtung findet oder gar verurteilt wird, distanzieren sich Mutter und Tochter ernsthaft voneinander - und häufen so viele schlechte Erinnerungen an, dass es für ein ganzes Leben reicht.

Oft reagieren wir auf Auslöserreize. Ich sage das nur ungern, aber darin sind wir Frauen besonders gut. Ich gebe Müttern den Rat, sich einfach zurückzuziehen. Denn in unzähligen Beziehungen läuft es nach diesem Muster, und es lassen sich nun mal keine Vereinbarungen treffen, wenn die Hormone toben. Machen Sie einfach auf dem Absatz kehrt ... Wenn etwas Zeit verstrichen ist, kann man wieder miteinander reden. Mit Überreaktionen ist niemandem geholfen. Und vergessen Sie nicht: "Ich liebe dich" heißt nicht viel, wenn man nicht entsprechend handelt. Es ist eben keine Liebe, wenn man Kinder ignoriert oder nur kritisiert. Warum gibt es so viele Jugendbanden? Weil junge Menschen sich zu etwas zugehörig fühlen wollen. Wir sind Gemeinschaftswesen, und eines der wichtigsten Bedürfnisse ist das nach Zugehörigkeit, das Bedürfnis, angenommen zu werden. Aufgrund unserer emotionalen Grundausstattung scheinen wir Frauen regelrecht begierig nach Anerkennung zu sein, vor allem in der Pubertät. Von der Mutter akzeptiert zu werden, ist auch die Voraussetzung dafür, dass die Tochter Beziehungen zu gleichaltrigen Mädchen aufbauen kann. Der Satz "Ich bin stolz auf dich" ist in dem Zusammenhang genauso wichtig wie "Ich weiß, dass du dich genauso wertschätzt wie ich dich."

Geben Sie Ihrer Tochter das Gefühl, dass sie Ihnen alles erzählen kann, ohne lauthals gemaßregelt zu werden. Vielleicht zucken Sie zusammen, aber Sie sollten all Ihren Mut zusammennehmen und sich anhören, was sie zu sagen hat. Hoffentlich haben Sie sie schon lange vor Beginn der Pubertät mit den spirituellen Grundsätzen vertraut gemacht. Es ist nicht rückständig, Mädchen zu erklären, dass sie ein heiliger Schrein Gottes sind. Sie sind nicht nur auf Erden, um sich fortzupflanzen; sie müssen genügend Selbstachtung haben, sich nicht für ein vorübergehendes Vergnügen missbrauchen zu lassen. Erzählen Sie aus Ihrem eigenen Leben, davon, was Sie durchgemacht haben, oder auch, wie sehr Ihre Eltern sich über Sie geärgert haben.

Wie gesagt, das "perfekte Vorbild" funktioniert nicht, vor allem nicht bei einem Mädchen, das gerade mit eigenem Kummer, mit Sitten- und Moralvorstellungen oder der Zeit, in der es lebt, zu kämpfen hat. Unter Altersgenossen und -genossinnen muss man sich behaupten, und Sex ist allgegenwärtig - vor allem im Kopf eines Teenagers. Dabei möchte ich nicht zurück zum puritanischen "Bedeckt eure Blöße!" Schließlich habe ich selbst als junges Mädchen Stretch-Oberteile und Shorts getragen (wobei wir uns damals nicht so viel Gedanken über Sexualtäter gemacht haben wie heute).

Denken Sie daran, dass aus Negativität nur Negativität hervorgeht - niemand vertraut sich gern jemandem an, der schwer an der eigenen Last zu tragen hat. Leider sehen nicht wenige Mütter in der eigenen Tochter eine Mutterfigur, wodurch beide Seiten verlieren. Sagen Sie sich also jeden Morgen beim Aufstehen, dass Ihr Leben lebenswert ist und Sie eine wunderbare Familie haben und außerdem noch jung und dabei auch erfahren genug sind, um Ihrer Tochter zur Seite zu stehen.

Manchmal meinen wir, es sei unehrlich, positiv zu sein, wenn uns nicht danach ist, aber die Art und Weise, wie wir sprechen, agieren und reagieren, bewirkt entsprechende Abläufe im Gehirn, weswegen positive Bestärkung auch so gut funktioniert. Ob es Ihnen bewusst ist oder nicht: Junge Menschen besitzen eine starke übersinnliche Wahrnehmung. Wenn Sie also ruhig und zuverlässig sind, eine spirituelle Antenne haben und vermitteln, dass man alles auch wieder in Ordnung bringen kann, werden Ihre Kinder genau das spiegeln.

Es ist wichtig, dass eine Mutter zärtlich, liebevoll und fürsorglich ist, auch wenn die Zeit kommt, da die heranwachsende Tochter ihr nicht mehr so zugewandt ist. Das ändert nichts daran, dass ich mit 18 immer noch bei meiner Großmutter auf dem Schoß saß, denn es war eine vereinbarte Art der Akzeptanz. Das Wort Akzeptanz umfasst so viel - auch bedingungslose Liebe.

Ich weiß, dass wir alle dazu neigen, uns zu belügen oder Dinge auf die lange Bank zu schieben. Versuchen Sie dennoch, am Leben Ihrer Tochter teilzuhaben. Was nicht heißt, dass Sie mit ihr trinken, rauchen oder Drogen nehmen sollen, um Verständnis zu demonstrieren. Das wäre auch vielmehr das Einverständnis zu Fehlverhalten. Wenn Gott im Zentrum Ihres Lebens steht, werden Sie und Ihre Tochter immer eine Basis haben, auf die sich beide berufen können.

### *Mütter und Söhne*

Kommen wir zur Mutter-Sohn-Beziehung. Im Gegensatz zur Beziehung von Vätern und Söhnen, ist diese Verbindung dank der Gegengeschlechtlichkeit unter Umständen weniger belastet. Zwar kann die Beziehung zwischen Mutter und Sohn ohne Frage komplex sein, doch ist sie normalerweise nicht so emotional aufgeladen wie die zwischen zwei Frauen. Sie denken vielleicht, als Mutter zweier Söhne sei ich voreingenommen, aber ich hatte auch eine Pflegetochter namens Mary, die im Alter zwischen sechs und 22 Jahren bei uns lebte.

Der Spruch "Ein Junge ist Sohn, bis er heiratet, aber eine Tochter bleibt ihr Leben lang Tochter" trifft vielleicht manchmal zu, aber selbst bei meinen Readings stelle ich fest, dass Jungen in acht von zehn Fällen eine enge Bindung zu ihren Müttern haben. Das beweist nur, dass Frauen einfallsreicher und unabhängiger sind, als wir meinen.

Natürlich will ich nicht sagen, dass wir lauter Muttersöhne heranziehen, aber da Männer immer schon Gemeinschaftswesen waren, ist es nur natürlich, dass sie versuchen, die Familie zusammenzuhalten.

In der Mehrzahl der Fälle werden Mütter bei ihren Söhnen wohl eher etwas erreichen, indem sie nachfragen, ob dieses oder jenes vielleicht erfolgversprechend sein könnte, statt zu verkünden: "Das ist falsch, weil ich es sage!" Auf diese Weise nämlich regt sie dazu an, die Logik der Sache zu untersuchen, und tritt nicht als kontrollierende Mutterfigur auf. Brutaler Zwang funktioniert nie; er würdigt den Menschen herab, zumal den männlichen. Schläge oder Schmähungen sind nie und für niemanden hinnehmbar; Jungen lernen daraus nur, wie man Dinge mit physischer Gewalt durchsetzt - und das hat die Welt schon zur Genüge erlebt.

Zudem sind Männer - wie ich den Mädchen auf der High-School immer sagte, als ich noch dort unterrichtete - sehr viel empfindsamer, als wir meinen. Früher mögen sie Krieger, Jäger und Baumeister gewesen sein; doch das sind heute noch die wenigsten. Ihren wichtigsten Instinkten hat die heutige Struktur der Büroarbeit mächtig zugesetzt, worunter auch ihr Ego leidet.

Mütter dürfen ihre Söhne auch nicht als Sonderlinge behandeln oder ihnen ihre eigenen schlechten Beziehungen zu Männern vorhalten. Machen Sie sich bewusst, dass ein fürsorglicher, kameradschaftlicher Umgang mit Söhnen durchaus möglich ist, selbst unter schwierigen Bedingungen. Ich bin mir beispielsweise sicher, dass meine Söhne, als sie noch klein waren, damit zu kämpfen hatten, dass ihre Mutter als Hellseherin im Fernsehen zu sehen war. In der Schule wurden sie dafür öfter gehänselt, als ihnen damals klar war, soweit ich weiß.

Die Mutter-Sohn-Beziehung kann sehr eng und dankbar sein, vor allem, wenn die Söhne der Mutter alles erzählen können - auch wenn sie gar nicht unbedingt alles hören will. Das ist immer noch besser, als wenn sie sich jemand x-beliebigem anvertrauen würden. Also, Mütter, lasst eure Jungs zu euch kommen, mit all ihren Problernen, was Frauen, Rauchen, Drogen, Sex und Ähnliches angeht; und wenn sie noch kleiner sind, habt keine Angst einzugreifen, um eine ungute Situation zu korrigieren. Der Versuch, kleine Jungs zu Männern zu machen, ist zum Scheitern verurteilt; sie anzuhalten, nicht zu weinen oder ein "großer Junge" zu sein, heißt, ihre gefühlvolle Seite, die für ihre Entwicklung so wichtig ist, kleinzuhalten.

Denken Sie daran, dass Sie eine spirituelle Mentorin sein können, ohne zu predigen, und eine Freundin, ohne die Kontrolle zu verlieren. Die Tür muss offenstehen, damit Sie, sollte etwas schieflaufen, Ihren Sohn mit Ihrer bedingungslosen Liebe und Ihrer Spiritualität wieder an den Menschen heranführen, der er ist und auf den Sie stolz sein können. Hören Sie deshalb jemals auf, sich Sorgen zu machen? Natürlich nicht! Aber statt Schuldgefühle zu haben, können Sie sich immerhin sagen, dass Sie Ihr Bestes versucht und aus dem Bewusstsein um Gott heraus gehandelt zu haben.

### *Väter und Töchter*

Auch die Vater-Tochter-Beziehung ist dank der Gegengeschlechtlichkeit in der Regel nicht kompliziert. Normalerweise liebt der Vater seine kleine Tochter schon aufgrund der männlichen Schutzfunktion, und in dieser emotionalen Bindung zum Vater zeichnet sich bereits ab, wonach das Mädchen später auch bei einem Mann suchen wird. Ist der Vater unsensibel oder wenig fürsorglich, kann sie sich auf der Suche nach Anerkennung durchaus den Falschen aussuchen (was genauso auf Männer zutreffen kann, bei deren Müttern die Moral zu wünschen übrig ließ, und die eine Frau dann oft als minderwertig und als Freiwild betrachten). Ein Vater sollte also niemals darüber erhaben sein, sich zu seinen Kindern auf den Boden zu setzen, ihnen etwas vorzulesen oder mit ihnen zu spielen. Auch aus Brettspielen kann man lernen, dass man nicht schummeln darf oder wie man mit Anstand verliert - oder durch Cleverness gewinnt.

Allerdings zeigen viele Menschen ihre Zuneigung heute anscheinend nicht mehr so wie früher. Mein Vater und ich haben miteinander geschmust und gekuschelt, und das bis zu seinem Tod. Natürlich hören wir so viel über Inzest, dass wir aus Angst, missverstanden zu werden, ständig fürchten, jemandem zu nahezukommen - selbst den eigenen Kindern. Das ist falsch, denn mittlerweile leben wir in einer Gesellschaft, in der man sich gar nicht mehr berührt, küsst oder umarmt, so dass wir im eigenen Schneckenhaus gefangen sind.

Manchmal hat die Tochter das Gefühl, dass sie sich beim Thema Sex nicht unbedingt an ihren Vater wenden kann, weil es zu intim oder sogar peinlich sein könnte. Auch hier gilt: Wenn die Kommunikation stimmt, fühlt man sich gegenseitig auch angenommen. Ich erinnere mich noch, als ich zum ersten Mal meine Periode hatte und mein Vater kam, mich drückte und sagte: "Jetzt bist du eine richtige junge Frau." Ich war sehr stolz und hatte keinerlei Schamgefühle oder den Wunsch, etwas ganz für mich zu behalten.

Weil ich einen so offenen Umgang mit meinen Söhnen hatte, erlebe ich jetzt auch, wie offenherzig und verständnisvoll mein jüngster Sohn Chris mit seiner Tochter umgeht. Angelica ist im vorpubertären Alter, und Chris lässt ihr Freiraum für ihre Emotionalität, so wie mein Vater damals bei mir. Väter können also, wie Mütter auch, große spirituelle, moralische und ethische Vorbilder sein. Langfristig betrachtet fallen einem harte Arbeit, Fairness und vorbildliches Verhalten eben doch leichter als Stimmungsmache, Egoismus und Nachlässigkeit. Ein Vater, der freundlich, sanft und fürsorglich ist, zeigt keineswegs Schwäche oder Anzeichen für mangelnde Männlichkeit.

Ich sah meinen Vater, wie er bei traurigen Liedern und Filmen geweint hat - oder auch, wenn er aus irgendeinem Grund stolz auf mich war. Seine Emotionalität führte nicht dazu, dass ich den Respekt verlor, im Gegenteil: Sie machte ihn für mich noch stärker und bewunderungswürdiger.

*Väter und Söhne*

Die Beziehung zwischen Vater und Sohn kann durchaus sehr komplex sein, denn sie ist der Katalysator für das Ego des jungen Mannes, der allmählich mit den Füßen scharrt und sein eigenes Territorium absteckt. So war es zumindest seit jeher, aber ich glaube, dass es nicht unbedingt so sein muss. Wenn beide Männer von Geburt an mit Respekt, Liebe und Achtung behandelt wurden, müssen sie nicht ihre Muskeln spielen lassen. Wenn ein Vater mit seinem Sohn rauft oder Baseball spielt, sollte nicht der Wettstreit, sondern Fairplay im Vordergrund stehen. Was nicht heißt, dass Sie Ihren Sohn gewinnen lassen sollen. Wichtig ist vielmehr, dass er einen guten Sportsgeist entwickelt. Wenn ein Sohn seinen Vater herausfordert, dann hat der Vater schon lange davor den Weg dazu geebnet, indem er ihm vermittelt hat: "Ich bin besser als du."

Jungen lernen nicht nur von ihren Müttern, sondern auch von ihren Vätern Gefühle, wenn sie sehen, dass es eben nicht unmännlich ist, emotional, fürsorglich und großzügig zu sein. In Wirklichkeit muss ein richtiger Mann nicht ständig sein Macho-Image herauskehren (von seinem Vater lernt ein Junge auch, ob er Frauen trauen kann).

Wenn Sie das Gefühl haben, dass Ihr Vater nicht präsent ist, denken Sie daran, dass Sie nur einen einzigen Menschen brauchen, der Sie bedingungslos liebt, damit das Leben lebenswert ist. Sie können sich ein Leben lang wünschen, diesen oder jenen Vater gehabt zu haben, doch gibt es so viele Menschen (andere Familienmitglieder, Lehrer, Eltern von Freunden, Mentoren und so weiter), die stellvertretend diese Rolle übernehmen und den ganzen Reichtum und den spirituellen Sinn des eigenen Lebens ergänzen können. Wenn Sie sich nur auf das konzentrieren, was Sie nicht haben, bleibt vermutlich irgendwann nur noch dumpfer Groll. Seien Sie also dankbar für den Vater, den Sie haben, denn er ist dazu da, den bestmöglichen Menschen aus Ihnen zu machen - Sie müssen es nur so sehen.

### *Nicht leibliche Kinder*

Bislang war in diesem Kapitel von den leiblichen Kindern die Rede. Wie aber sieht es mit Stief-, Pflege- oder Adoptivkindern aus? Auf welche Weise sie auch in unser Leben getreten sein mögen – diese Jungen und Mädchen sollten in unseren Herzen denselben Platz einnehmen wie unsere leiblichen Kinder. Oft sieht der Stiefelternteil das Kind ausschließlich als Kind des Partners, und das ist grundverkehrt (gleiches erlebe ich bei leiblichen Eltern, deren Kinder bei Fehlverhalten zu hören bekommen: "Wie dein Vater!" bzw. "deine Mutter"). Dabei berücksichtigen sie nicht, dass das Umfeld und die Gene zwar eine Rolle spielen, jeder Mensch aber als die Seele gesehen werden sollte, die er ist. Alle Seelen sollen liebevoll und mit Respekt behandelt werden, es sei denn, sie hätten wirklich gezeigt, dass sie es nicht verdienen.

Ich erwähnte bereits meine Pflegetochter, die zusammen mit meinen leiblichen Söhnen bei mir aufgewachsen ist; ich liebe sie noch immer, als wäre sie mein eigenes Kind. Tatsächlich habe ich immer gesagt, ich hätte drei Kinder. Außerdem waren da praktisch noch sechs weitere Jungs; mein jüngster Sohn Chris brachte sie eines Tages mit nach Hause und sagte, sie würden "ein paar Tage" bleiben. Daraus wurden mehrere Monate. Jeder ist ein Juwel, das Gott mir anvertraut hat, und genau so habe ich sie auch behandelt.

Hass bringt Hass hervor, und das spüren Kinder. Jedes Kind, das in unserer Obhut ist, sollte respektiert und geliebt werden und nicht etwa als Bürde betrachtet werden, die einem auferlegt wurde. Kein Kind hat verdient, dass man es für die "Sünden" des Vaters bestraft.

### *Ein paar Ratschläge an alle Eltern*

An erster Stelle möchte ich uns Eltern in Erinnerung rufen, dass wir unsere Kinder nicht für unsere Probleme verantwortlich machen dürfen; ob wir müde oder traurig sind oder mitten in einer Scheidung stecken - sie haben immer Priorität. Oft sieht es so aus, als würden wir vom Stress übermannt und unsere ganze Wut dann an jemand Unschuldigem auslassen. Zum Beispiel wenn wir Eltern Streit haben und dann die Kinder anschreien. Wenn das passiert, sollten die Erwachsenen sich einfach entschuldigen, etwa so: "Ich bin wütend und habe es an dir ausgelassen. Das tut mir leid." Kinder verstehen das und erkennen auf diese Weise auch, dass niemand frei von Fehlern ist.

Unsere Kinder sollten jedoch auch begreifen, dass wir nicht alles gutheißen. Mit anderen Worten: Wir entschuldigen nicht jedes Verhalten, sondern sagen ihnen, was wir davon halten, und lieben sie trotzdem. So abgedroschen es auch klingen mag: Liebe und Wertschätzung können viel bewirken, wohingegen Kritik und Sarkasmus zu gar nichts führen. Es soll auch schon vorgekommen sein, dass eine Bemerkung wie "Dafür bist du doch zu clever" (oder "zu nett" oder "zu hübsch") dazu geführt hat, dass der Ärger wieder verpufft ist. Ein freundliches Wort, und aus Wut kann Überzeugungskraft werden.

Wenn wir herumnörgeln und die alte Leier des "Als ich so alt war wie du" auftischen, ist die Schlacht schon verloren, und der Krieg geht weiter. Mit jemandem, der nur verurteilt und kritisiert, kann man nicht reden, und die Folge ist unweigerlich Rebellion. "Ich bin für dich da, was auch immer geschieht" ist der bessere, spirituellere Satz. Ich habe gespürt, dass mein Großvater und meine Großmutter mich so sehr liebten, dass ich eher gestorben wäre, als sie zu verletzen. Bedingungslose Liebe ist ein mächtiges Instrument - und sie ist unbestechlich: Kinder spüren, ob sie echt ist.

Aufgrund meiner Erfahrung mit meinen eigenen Kindern und an der Mädchenschule bin ich überzeugt, dass man Kinder besser auf sich zukommen lässt. Damit will ich nicht sagen, dass man abendliche Ausgänge und Freunde nicht im Auge haben oder Themen wie Alkohol, Rauchen, Sex und Drogen nicht ansprechen sollte, aber wenn die Initiative von den Jugendlichen ausgeht, entsteht auch etwas. Und erzählen Sie nie weiter, was Ihnen im Vertrauen mitgeteilt wurde, denn dann ist es mit dem Vertrauen vorbei. Meine Tür war immer offen, und manchmal erfuhr ich auch zu viel, aber das war mir immer noch lieber, als gar nichts zu hören. Wenn Ihre Kinder zu Ihnen kommen können und Sie nicht bis über beide Ohren mit etwas anderem beschäftigt oder abgehetzt sind, haben sie ihre Eltern als Vertraute und müssen nicht zu jemand Fremdem gehen, der sie unter Umständen auf Abwege führt. Nehmen Sie sich die Zeit, mit ihnen zu sprechen, und lassen Sie alles stehen und liegen, sobald sie mit Ihnen reden wollen. Denn möglicherweise ist es für Ihrer beider Leben von entscheidender Bedeutung.

Wir Eltern sollten in unseren Beziehungen zu Kindern stets Spiritualität, Sittlichkeit und moralische Grundüberzeugungen vermitteln. Es ist an uns, ihnen einzuschärfen, dass alle Handlungen spirituelle Konsequenzen haben. Das ist nicht unser, sondern Gottes Gesetz. Das karmische Universum ist stärker als wir, und was wir in böser Absicht tun, kommt zu uns zurück. Das habe ich meinen Kindern von Anfang an eingeimpft. Solange sie klein sind, können sie damit vielleicht noch nicht viel anfangen, doch, wie meine Großmutter sagte: Es schlummert im Hinterkopf.

Oft sind Jugendliche fasziniert von Gesprächen über spirituelle Themen wie Engel, Geister, Geistführer und geliebte Verstorbene, und man kann auf diese Weise einen Draht zu ihnen bekommen (sofern man ihnen keine Predigt hält). Dass das so ist, liegt meines Erachtens daran, dass ihre Hormone sie dazu treiben, das Unbekannte zu ergründen. Meine Enkel beispielsweise zeigen großes Interesse an Geistern und Engeln; zwei von ihnen sind in der Pubertät.

Zu meinem großen Erstaunen bekomme ich viele E-Mails von Teenagern, und mir ist aufgefallen, dass immer mehr junge Leute zu meinen Lesungen und Signierstunden kommen. Es ist, als suchten sie einen Anker in dieser Welt, die wohl um einiges chaotischer ist als diejenige, in der viele von uns noch groß geworden sind. Die letzten 15 Jahre waren hektisch, und für die vergangenen fünf Jahre kann man von völliger Rastlosigkeit sprechen. In jeder Beziehung stellt sich die Frage "Warum bin ich hier?" und "Was mache ich eigentlich?", und je eher wir darauf eine Antwort geben, desto leichter tun wir uns.

In der Regel ist heute immer ein Elternteil tonangebend, wegen der vielen Trennungsfamilien oder weil entweder die Mutter oder der Vater voll berufstätig ist und die Erziehung damit einer Bezugsperson überlassen wird. Es ist zwar schwierig, aber wenn ein Kind einen starken Elternteil hat, der es wachsam begleitet und offen mit ihm kommuniziert, klappt es auch. Bei meinen Kindern war der Vater nicht präsent, aber dafür war mein Vater von großem Einfluss. Wenn Sie also als Elternteil allein sind, holen Sie sich Unterstützung von einer Person des anderen Geschlechts, die zumindest eine gute Vater- oder Mutterfigur abgibt, damit die Familiendynamik ausgeglichen ist.

Und nicht zuletzt sollten Eltern es unbedingt vermeiden, eigene Träume über ihre Kinder auszuleben. Gemeint ist etwa der sportbesessene Vater, bei dem es nicht zur Profikarriere gereicht hat und der seinen Sohn antreibt, was das Zeug hält, um sich so seinen eigenen Traum zu erfüllen; oder die Mutter, die gern Schauspielerin oder Model geworden wäre und jetzt hinter den Kulissen die Strippen zieht. Dadurch macht man Kinder zu Schachfiguren und vergeudet ihr Leben. Folgen Sie der Spur, die Ihre Kinder vorgeben - ob sie Musiker werden oder aber daheim bei ihren Kindern bleiben wollen, denn an Ihnen ist es, sie zu ermutigen. Sie können sie anleiten, aber Sie dürfen niemals Kontrolle ausüben, denn das führt zu Unmut und zum Verlust der Identität. Erlauben Sie Ihren Kindern, so zu sein, wie sie sind, und durchkreuzen Sie nicht ihren Lebensentwurf.

## Kinder und Großeltern

Jeder, der Enkel hat, wird bestätigen, dass diese Erfahrung mit nichts zu vergleichen ist. Ich habe drei Enkel und empfinde es als großes Glück, in ihrer Nähe zu sein und sie oft sehen zu können. Manche Menschen bekommen ihre Enkel so gut wie nie zu Gesicht, und dennoch hat es etwas von göttlicher Liebe, wenn diese Besuche stattfinden. Mitunter erkennen wir bei unseren Enkeln auch mehr von uns wieder als bei unseren eigenen Kindern. Vor einigen Jahren schrieb das *American Medical Journal* sehr zutreffend, es brauche eine Generation, bis die menschlichen Gene zum Tragen kommen.

Mit unserer (hoffentlich) bewährten Lebensweisheit können wir unseren jungen Schützlingen auch zur Seite stehen, damit sie begreifen, dass das Wichtigste ihr Inneres ist und nicht etwa die Erwartungen anderer oder deren Klassifizierungen. Ich habe nie zu meinen Enkeln gesagt: "Als ich so alt war wie ihr ..." Wenn sie mich jedoch über früher ausfragen, finde ich, dass eigentlich vieles noch genauso ist. Als ich aufwuchs, hatte ich ganz ähnliche Probleme wie die jungen Menschen heute - natürlich fahren heute andere Autos herum, die wirtschaftlichen Verhältnisse und die Ausdrucksweise haben sich verändert, aber die Probleme sind grundsätzlich gleich geblieben. Das überall beliebte Mädchen, der Raufbold, der Lieblingslehrer, Liebesnöte ... Das alles gibt es noch - und wird es auch immer geben.

Ich habe es immer genossen, wenn meine Großmutter von früher erzählte, denn ich wusste, dass das, was ihr widerfahren war, sie auch stark und im göttlichen Sinn spirituell gemacht hatte; und es gab auch *mir* Kraft und Halt. Belassen Sie es also nicht beim Backen, Basteln, Einkaufen oder gemeinsamen Abendessen mit Ihren Enkeln, sondern erzählen Sie ihnen sinnvolle Geschichten, in denen Moral und Spiritualität ihren Platz haben. Meine Enkel hören liebend gern Geschichten über Engel und Geistführer und wollen bestärkt werden in der Vorstellung, dass das Leben weitergeht und man aus allem etwas lernen kann.

Neulich abends erzählte mein Enkel Willy zum Beispiel von seinem Hund Buddy, der vor kurzem gestorben war. Er sagte: "Wir sind traurig, aber Buddy ist glücklich, weil er jetzt bei Gott im Himmel ist." Alle meine drei Enkel haben Lesungen von mir besucht, und auch wenn sie als Kinder meinen Glauben nicht teilen, werden sie zumindest immer das Wissen in sich tragen, dass sie von Gott geliebt werden. Kinder haben immer schon von ihren Eltern gelernt, doch in unserer hektischen Gesellschaft ist das etwas verloren gegangen. Das Wichtigste ist, dass Großeltern ihren Enkeln ein Fundament geben, auf das sie bauen können. Dann werden sie auch mit Freude sehen, wie ihre Enkel das Leben entdecken und ihnen ihre Liebe schenken, und sie werden die Begeisterung spüren, die ihnen daraus erwächst, dass sie sie liebevoll umsorgen. Seien Sie freundlich und gerecht, und verhätscheln Sie Ihre Enkel nicht maßlos.

Ich finde es wunderbar, dass so viele Kulturen auf der Welt die Familie schützen, indem sie sich gleichermaßen um Alt und Jung sorgen. Bei den Massai in Kenia zum Beispiel leben Eltern mit ihren erwachsenen Kindern zusammen, arbeiten an ihrer Seite und kümmern sich um die Kindeskinder. Ich sage nicht, dass wir nur in einer Hütte zusammen glücklich werden, aber ich finde es sehr traurig, wenn man Kindern den Umgang mit früheren Generationen vorenthält. Der Familienzusammenhalt zwischen Großeltern, Cousins und Cousinen, Tanten und Onkeln ist ein Reichtum, den wir in dieser Gesellschaft schmerzlich vermissen, er ist gewissermaßen das Salz in der Suppe.

## Geschwister

Oft tragen ältere Geschwister schwer an ihrer Verantwortung. Die jüngeren sind vielleicht neidisch, eifern den älteren aber auch nach. Was Sie selbst angeht, mögen Sie vielleicht der Ansicht sein, dass es nicht fair war, Ihnen eine solche Verantwortung aufzubürden, doch lautet meine Antwort: "Sie haben es sich ausgesucht, also machen Sie das Beste daraus!"

Schon beim geringsten Altersunterschied ist Rivalität unter Geschwistern etwas ganz Natürliches. Das erstgeborene Kind war der uneingeschränkte Herrscher, und nun taucht plötzlich dieser kleine Eindringling auf und zieht alle Aufmerksamkeit auf sich. Diese Situation kann Unmut und Eifersucht erzeugen, und die Art und Weise, wie Eltern damit umgehen, kann das Problem erheblich entschärfen. Verkennen Sie dabei nicht die Tatsache, dass, so sehr Sie sich auch bemühen, es zu verbergen, Kinder genau wissen, wer in der Familie wen am liebsten mag. In meinem Fall bevorzugte mein Vater mich und meine Mutter meine Schwester Sharon.

Zwar gab es eine leichte Rivalität zwischen (der sechs Jahre jüngeren) Sharon und mir, aber dank unserer Mutter entwickelte ich mich schließlich zur Beschützerin meiner kleinen Schwester. Schon als ganz kleines Mädchen wusste ich um die düstere Seite meiner Mutter, so dass ich bei Sharon den Störfall provozierte, wie sie es mir heute bescheinigt. Nichts schweißt Menschen, gleich welchen Alters, stärker zusammen als das Unglück.

In einer liebevollen Familie, in der es keine Bevorzugungen gibt, kann das Schwesternverhältnis besonders eng werden. Es ist kein Spaß, wenn die Schwester die eigenen Kleider anzieht, ohne zu fragen, das Zimmer verwüstet und die Puppen auseinandernimmt, die ihr nicht gehören, aber wenn man derartige Dinge überwindet, hat man möglicherweise eine wunderbare Freundin, die einen besser kennt als jeder andere Mensch auf der Welt und die wie kein zweiter einen Abschnitt der Lebensgeschichte mit einem teilt.

❋ ❋ ❋

Das Verhältnis zwischen Brüdern kann da etwas kniffliger sein, denn hier kommt das männliche Ego ins Spiel, das aus reinem Instinkt heraus "das Sagen haben" will.

Mein ältester Sohn Paul war eher in sich gekehrt und behielt seine Sorgen für sich. Ich versuchte, den Panzer zu knacken, bis ich irgendwann einsah, dass dies seine Art war, sich in der Welt zurechtzufinden. Mein jüngerer Sohn ist offener; sobald ihn etwas beunruhigt, teilt er sich mit (in der Regel mir). Zwischen meinen Söhnen bestand von klein auf eine leichte Rivalität, aber Gott sei Dank sind sie mittlerweile aus dem Alter heraus. Dennoch war es nicht einfach, zwei Söhne großzuziehen, die irgendwann über 1,90 Meter groß und durch und durch Jungs waren. Sie hatten definitiv ihren eigenen Kopf und standen sich nie so nahe, dass sie etwa Charakterzüge des anderen übernommen hätten, obwohl ich heute, da sie älter sind, so viele Ähnlichkeiten entdecke. Ich nehme an, dass der Altersunterschied von sechs Jahren entscheidend war, aber die Lücke schließt sich mehr und mehr.

Eines, wofür ich Gott jeden Abend danke, ist die Tatsache, dass beide sehr spirituell sind. Sie sind auch aufrichtig und fleißig und glauben an Dinge wie Hingabe, Treue und Dankbarkeit. Natürlich haben sie, wie jeder Mensch, auch ihre Fehler. Sie sind leicht aufbrausend, aber vergessen auch schnell wieder (woher sie das bloß haben?). Sie können stur sein und gleichzeitig erstaunlich freigebig. Paul ist spontaner, worin er nach mir kommt, Chris dagegen nachdenklicher und bedächtiger, wenn es darum geht, eine Entscheidung zu fällen. Dennoch ist Chris ein Medium und Paul nicht, obwohl er eine sehr gute Intuition besitzt.

Nebenbei bemerkt sind absolut alle Kinder Medien - wir nehmen es nur nicht genügend wahr oder fördern ihre Fähigkeiten nicht ausreichend. Ich sage immer gern, dass Gott jedem von uns ein Handy mit Direktverbindung nach Hause mit auf den Weg gibt, aber die Gesellschaft, die Kultur und sogar einige Religionen treiben uns diese Veranlagung wieder aus. Was ich übrigens nie verstanden habe: Warum sollte Gott, wo es doch in allen Religionen Propheten gibt, auf einmal darauf verzichten, Menschen hervorzubringen, die Ereignisse der Zukunft vorhersagen können?

* * *

Brüder und Schwestern können eine sehr starke Bindung zueinander entwickeln, da es sich hier wieder um eine gegengeschlechtliche Beziehung handelt. Wer der oder die Erstgeborene ist, spielt dabei keine Rolle, doch fällt der Schwester oft eine zweite Mutterrolle zu, während der Bruder als Beschützer fungiert. Ich habe das bei meinen Enkelkindern erlebt, die durchaus miteinander raufen können, aber untröstlich sind, sobald sich einer von ihnen wirklich wehtut. Als meine Enkelin Angelica von einem Hund in die Lippe gebissen wurde, war ihr Bruder Willy derjenige, der in der Notaufnahme beinahe ruhiggestellt worden wäre, weil er ununterbrochen schrie: "Meiner Schwester helfen!"

Mit Liebe überwinden Geschwister alles. Zwar können sie sich bis aufs Messer bekriegen, aber sobald der Bruder oder die Schwester verletzt sind, ist der andere entweder sofort zur Stelle, um zu helfen, oder zerfließt vor Mitleid. Es stimmt zwar, dass die Liebe in der Not am stärksten ist, aber ist es nicht auch eine Schande, dass sie sich dann wieder verflüchtigt? Wenn sich die Menschen daran erinnern, wie es war, als eines der Geschwister in Not war, und dieses Gefühl mit in ihren Alltag nehmen, können ihre Beziehungen unglaublich an Stärke gewinnen.

## Die erweiterte Familie

Tanten, Onkel, Cousins und Cousinen zählen zum erweiterten Familienkreis. Sie können Teil der eigenen Kultur, Erziehung und Geschichte sein, aufgrund der Gene ebenso wie durch das, was sie hinterlassen.

Unsere Familie ist klein; meine Söhne haben nur zwei Cousins. Angelica und Willy dagegen haben viele Cousins und Cousinen, weil ihre Mutter Gina aus einer geschwisterreichen Familie stammt. Pauls Sohn Jeffrey hat nur zwei Cousins, aber ich finde es wunderbar, dass alle meine Enkel das Familienleben genießen. Es vermittelt ihnen ein Gefühl für Kontinuität und Struktur und gibt ihnen Sicherheit.

Wenn Sie das Glück haben, aus einer großen Familie zu stammen, können Sie zusammenhalten, wenn Sie ein Unglück trifft, so wie man sich einst auch in Stammesgesellschaften in schweren Stunden beistand. Das ist eines der größten Geschenke im Leben. Ich erinnere mich gut, wie meine ganze Familie eines Tages in Cabo San Lucas Urlaub machte. Ein Hurrikan war im Anzug, so dass wir alle bei abgeklebten Fenstern in unseren Zimmern saßen. Wir konnten nicht raus, aber wir haben Spiele gespielt, die Enkel gefilmt, geplaudert und gelacht. Wir haben über alles Mögliche debattiert, auch mit den Kindern. Zwar lauerte diese Gefahr im Hintergrund, aber es war auch aufregend. Der Sturm traf uns dann gar nicht mit voller Wucht, aber in der Erinnerung ist dies ein Highlight unserer Reise.

Genießen Sie schöne Momente, schenken Sie Ihren Lieben Gehör, Aufmerksamkeit und Liebe, und wenn zu viel Arbeit auf Sie wartet, lassen Sie sie sausen. Hausarbeit kann immer warten, die Zeit aber, die Ihnen fehlt, wartet nicht. Sie verschwindet in einem schwarzen Loch und kommt nie wieder.

❋ ❋ ❋

Natürlich verläuft auch mit Angehörigen nicht immer alles reibungslos. Auch da gibt es möglicherweise viel "schlechten" Samen, aber ganz gleich, ob es sich um Eltern, Kinder, Geschwister, Cousins oder Cousinen handelt: Geben Sie ihnen Ihren Segen, und gehen Sie dann Ihrer Wege. Damit tun Sie nichts Falsches. Sie geben die Situation lediglich in Gottes Hände und sichern Ihr eigenes Überleben, indem Sie gehen und so auch den schlechten Einfluss stoppen, den diese Menschen auf andere geliebte Menschen haben könnten.

Niemand will, dass die eigenen Kinder mit Verwandten Umgang haben, die drogenabhängig sind oder lügen und betrügen - ob Familie oder nicht, sie gehören nicht zu dem Kreis, den Sie schützen und zu einem sicheren Hafen machen wollen. Ich habe meinen Kindern zum Beispiel nie erlaubt, sich ohne meinen Vater oder mich bei meiner Mutter aufzuhalten, weil ich nicht wollte, dass sie sie mit den gleichen Schmähungen überhäuft wie meine Schwester und mich. Manchmal müssen Sie nahestehende Menschen eben auch vor so genannten Blutsverwandten schützen. Doch sollten Sie diese Einsicht nicht wie einen Trauerflor mit sich herumtragen, sondern die Erfahrung dazu nutzen, an sich selbst zu arbeiten und geliebte Menschen noch besser vor körperlichem und seelischem Leid zu bewahren.

Lassen Sie diese Menschen sein, wie sie sind, um Ihr eigenes spirituelles Wachstum nicht zu gefährden, und suchen Sie sich eine Oase für Ihre Freunde, die genauso gut eine Familie sein können wie Blutsverwandte. Und halten Sie sich immer vor Augen, was Sie in diesem Prozess alles gelernt und wie viel Geduld und Toleranz Sie aufgebracht haben. Zwischenmenschliche Beziehungen haben etwas von einem riesigen Eintopf - und jede Zutat lehrt einen viel über Mitgefühl und sogar darüber, wie man überlebt.

## KAPITEL 4

# LIEBESPARTNER

Aus den Gesprächen, die ich seit mittlerweile über fünf Jahrzehnten führe, haben sich für mich mehrere Dinge herauskristallisiert, die für Beziehungen jeder Art zutreffen. Ich war nie über professionelle PsychotherapeutInnen erhaben und habe mich auch nie für eine gehalten (werde aber erstaunlich oft von ihnen empfohlen). Ich betrachte mich vielmehr als eine Art Helfershelferin der Gesellschaft. Allerdings bin ich felsenfest davon überzeugt - und auf diesen Punkt komme ich ja auch immer wieder zurück -, dass jede Beziehung zum Scheitern verurteilt ist, wenn Spiritualität in Ihrem Leben keinen Raum hat.

Wir alle brauchen also einen Sinn im Leben. Viele von uns versuchen, sich über Geld, Besitz, beruflichen Erfolg oder Macht zu definieren und empfinden irgendwann nur noch vollkommene Leere. Die einfache Formel lautet, dass wir auf unserer Reise durchs Leben für Gott und für unsere Mitmenschen leben. Wenn wir uns daran halten, sind wir auf dieser Welt Lichtgestalten und Hoffnungsträger, und darin liegt die wahre Vollendung der Liebe in ihrem umfassenden Sinn.

In puncto gelungene Liebesbeziehungen ist mir aufgefallen, dass in ihnen das wirksam ist, was ich als "Pyramideneffekt" bezeichne. Mit anderen Worten: Die beiden betreffenden Menschen lieben sich *und* Gott und glauben uneingeschränkt an ihre Religion oder ihr spirituelles Wachstum. Diese Beziehungen müssen über drei Bahnen verlaufen, sonst funktionieren sie nicht.

## Wahre Liebe

In der Literatur wimmelt es von Liebespaaren jeder Art, wie beispielsweise Dante und Beatrice, Abelard und Heloise oder Romeo und Julia. Auch in der Dichtung finden sich etliche Beispiele für Leidenschaft und verloren gegangene Liebe. Etwa in der Ballade "The Highwayman" des englischen Dichters Alfred Noyes: Der Held raubt Kutschen aus und wird von seiner Geliebten Bess gewarnt, die dafür mit dem Leben bezahlt. Einer der schönsten Verse überhaupt stammt von der englischen Dichterin Elizabeth Barrett Brownings, enthalten in *Sonette aus dem Portugiesischen*: "How do I love thee? Let me count the ways." ("Wie ich dich liebe? Lass mich zählen wie.") Im wirklichen Leben waren sie und ihr Mann Robert Browning allerdings nicht unbedingt das ideale Paar, hatte es der Mann der behinderten Dichterin doch auf andere Frauen abgesehen.

Nichts läge mir ferner, als den Eindruck zu erwecken, ich sei zynisch, aber zwischen den unrealistischen Romanzen, die wir aus Büchern kennen, und dem, was wir selbst erleben, liegen Welten. Auch ich weiß, was heftiges Herzklopfen und heiße Leidenschaft bedeuten, aber das alles hat sich auch wieder gelegt und war nichts im Vergleich zu dem Gefühl, das ich hatte, wenn ich meine Söhne und Enkel im Arm gewiegt, meine Tiere liebkost oder meine Freunde an mich gedrückt habe.

Bei meiner letzten Scheidung saß ich weinend in meinem Zimmer, als meine Enkelin hereinkam. Ich versuchte gleich, meine Haltung wiederzugewinnen, aber Angelica war viel zu klug. Sie lief auf mich zu, schlang ihre Arme um mich und sagte: "Ich habe dich lieb, Bagdah!" (ihr Kosename für mich). Was könnte schöner sein? Wahre Liebe ist eben rein und spirituell.

Liebe sollte eine eigene Größe und an keinerlei Bedingungen geknüpft sein. Doch anscheinend schaffen wir Menschen für alles Regeln und Vorschriften. "Wenn du das und das machst, liebe ich dich. Wenn nicht, dann liebe ich dich auch nicht!" Das ist keine Liebe, sondern Kontrolle und Manipulation, durch die sich die Menschen, für die wir eigentlich da sein sollten, bevormundet und in die Enge getrieben fühlen. Im Zusammenhang mit Montel Williams habe ich meinen Zuhörern einmal gesagt: "Beziehungen sollten nicht anstrengend sein, sonst stimmt etwas nicht."

Oft wünschen wir uns auch das, was wir nicht haben, und sabotieren es, sobald wir es bekommen. Dass wir nicht vollkommen glücklich sein können, liegt ganz einfach daran, dass wir uns selbst nicht gut genug kennen oder nicht wissen, wonach wir gerade suchen. All unsere Zweifel, Sorgen und Hemmungen halten uns davon ab, uns zu lieben und im Leben des anderen eine wirkliche Rolle zu spielen. Wenn wir ganz wir selbst sein wollen, müssen wir alle Begrenzungen überwinden, die wir oder die andere uns auferlegt haben. Wenn wir unsere Energie dann nach außen lenken, finden wir auch Liebe.

Dass Liebe die Kraft Gottes ist, sollte bei jeder Begegnung spürbar sein. Liebe ist nie verschenkt, denn an bedingungsloser Liebe können andere sich wärmen. Auch wenn man die Wirkung vielleicht nie sieht, kommt diese Energie irgendwann zu einem zurück: Etwas von der Liebe, die man gibt, bleibt immer in der eigenen Seele und bei demjenigen, dem sie galt.

Machen Sie die Probe auf's Exempel, gerade wenn Sie ein schüchterner Mensch sind (was, wie kaum jemand vermuten wird, auch auf mich zutrifft, aber ich habe diesen Trick eben schon früh gelernt). Suchen Sie sich ganz bewusst einen Ort oder eine Party aus, wo Sie niemanden kennen. Setzen Sie sich irgendwo hin, meinetwegen auch in irgendeine Ecke, und suchen Sie sich jemanden aus. "Beamen"

Sie Ihre Liebe zu diesem Menschen, indem Sie denken: "Ich liebe dich", und meinen Sie es auch so, denn dieser Mensch ist ein Teil Gottes. Es wird nicht lange dauern, und die Menschen werden wie durch ein Wunder auf Sie zukommen. Damit kein Missverständnis aufkommt: Sie werden gar nicht jeden anziehen wollen, aber insgesamt wird Ihnen durch Liebe Gutes widerfahren, weil Liebe gut *ist*.

Wenn Sie umgekehrt fieberhaft versuchen, eine Liebes- oder auch nur eine freundschaftliche Beziehung zu jemandem zu knüpfen, hat Ihre Strahlkraft oder Aura etwas von einem bedürftigen Schrei. Alle Seelen, mit denen Sie in Kontakt treten, spüren das und wenden sich ab. Wir sind alle schon solchen Menschen begegnet, und jeder weiß, wie abschreckend und ermüdend das ist.

Ich gebe Ihnen ein Beispiel: In Kansas City (wie vermutlich auch sonst vielerorts) war und ist der Freitag "Girl's night", und so fuhren wir immer zu fünft oder zu sechst in meinem Auto zu irgendeinem Tanzlokal in der Gegend oder auf eine Party. Meine Freundin Sue war immer mit dabei und ließ jedes Mal zum Auftakt den Satz los: "Hoffentlich werde ich ihm heute endlich begegnen." Damit war, wie wir alle wussten, ihr Traummann gemeint. Ironie des Schicksals: Nicht nur lernte sie nie jemanden kennen - sie wurde nicht einmal zum Tanzen aufgefordert! Sie war sehr attraktiv, aber ihre Aura brüllte förmlich: "Gibt es hier denn niemanden, der mich liebt und heiratet?"

Regelmäßig war bei diesen Treffen auch ein Freund von mir zugegen, den ich irgendwann fragte, warum niemand mit Sue tanzen wollte. Er zuckte bloß mit den Achseln und sagte ohne Umschweife: "Mich macht sie nervös. Ich habe den Eindruck, sie will etwas von mir, das ich ihr nicht geben kann." Ich versuchte, mit Sue darüber zu reden, aber ohne Erfolg. Schließlich fand sie ein verschüchtertes Muttersöhnchen, mit dem sie jetzt seit über 40 Jahren unglücklich verheiratet ist. Natürlich sieht sie nicht, dass sie genau das bekommen hat, was sie gewollt oder gebraucht hat. Sie ist ein guter Mensch, aber da sie den Wert ihrer eigenen Seele nicht erkennt, trägt sie leider "ihre Waren zu billig zu Markte" - wie meine Großmutter es immer formulierte.

## Was man aus den Stolpersteinen auf dem Weg der Liebe lernen kann

Es ist kein Zynismus, wenn man sagt, dass Spiritualität und Gott die einzigen Konstanten im Leben sind, denn Menschen können einen richtig enttäuschen. Einige sind dennoch über 70 Jahre verheiratet, und manche Freundschaften dauern ein Leben lang. *Meine* Ehen haben nicht gehalten, anders als meine Freundschaften. Es gibt immer Kompromisse im Leben; entscheidend ist, wie wir damit umgehen.

Vielleicht deprimieren Sie meine Worte, aber beim Weiterlesen können Sie feststellen, ob sie nicht doch in Ihrer Seele nachhallen. Das Leben ist grundsätzlich ein beschwerlicher Gang, den man alleine gehen muss, mit dem Ergebnis, dass man an seinen Prüfungen wächst. Am Ende hat man den wahren Sinn des Lebens erkannt und entdeckt, wie wichtig die Beziehung zu sich selbst und zu Gott ist. Das ist zwar hart, aber wenn Sie versuchen, sich die Freude im Herzen zu bewahren, bleibt Ihnen zumindest die Genugtuung darüber, dass Sie aus Ihrem seelischen Reifeprozess die nötigen Lehren ziehen.

Wenn Sie zu Liebe, Mitgefühl und Fürsorge fähig sind, werden Sie sich an Beziehungen erfreuen, mit denen Sie sich *und* andere glücklich machen. Als ich noch bei den Nonnen war, fiel mir auf, dass sie in ihrem Leben, das für andere Einengung bedeutet, auch lebenslange Freundschaften untereinander pflegten und inneren Frieden ausstrahlten (ich selbst schloss eine bis heute andauernde Freundschaft mit Schwester Williams, die noch immer in Kansas City lebt und regelmäßig meine Lesungen dort besucht). Die Priester hatten mehr Freiheit – ich äußere mich jetzt nicht weiter zu Schlagzeilen über das, was manche Geistliche getan haben, denn diejenigen, die ich kennen gelernt habe, waren wunderbare, mitfühlende Menschen.

Denken Sie daran, dass das, was wir wahrnehmen, nicht immer auch der Wahrheit entspricht. Nehmen Sie zum Beispiel die Prominenten. Man stellt sich vor, dass sie ein schmerzfreies, glamouröses Leben führen, doch lassen Sie sich hier aus erster Hand gesagt sein (ich werde keine Namen nennen), dass sie oft sehr unglücklich sind mit dem, was man sich angeblich "nur wünschen kann". Sie haben Probleme wie jeder andere auch.

Wer man wirklich ist und was man in letzter Instanz anstrebt, macht die Seele tatsächlich frei. Die Wahrheit ist, was Sie denken und wie Sie sich einschätzen, und diese innere Integrität der Seele nehmen auch andere wahr. Wenn Sie Lebensfreude und Begeisterung ausstrahlen, werden die Menschen den Kontakt zu Ihnen suchen, weil ihre innere Stimme ihnen sagt, dass Sie wahrhaftig und mitfühlend sind. Entscheidend ist die Frage, die Sie sich selbst stellen sollten: Sind andere gern mit Ihnen zusammen oder, noch wichtiger, wären Sie selbst gern mit sich zusammen? Beziehung heißt, dass man weder sich noch andere belügt und nicht schon im Voraus zu wissen glaubt, wie andere über einen denken. Wenn Sie freundlich und rücksichtsvoll sind, werden Sie zu allen Menschen, denen Sie begegnen, wunderbare Beziehungen knüpfen können.

Sie sollten allerdings auch wählerisch sein, denn kaum etwas ist schlimmer, als andere ändern oder bekehren zu wollen. Wenn Sie und Ihr Partner sich nicht akzeptieren können, beißen Sie auf Granit. Dann ist es besser, dem anderen seinen Segen zu geben und ihn seiner Wege gehen zu lassen. Verlorene Liebe kommt in der Regel nicht wieder.

Wie heißt es so schön: Hinterher ist man immer klüger. Auch ich blicke manchmal auf gescheiterte Beziehungen zurück und muss einsehen, dass ich bestimmte Zeichen nicht erkannt habe, obwohl sie kaum zu übersehen waren. Natürlich bringt es nichts, sich Vorwürfe zu machen; diese Falle sollte man meiden. Wenn Sie ein vertrauensvoller Mensch sind, der nicht eifersüchtig ist oder fremdgeht oder sich bei anderen bedient, warum sollten Sie dann davon ausgehen, dass der andere so ist?

Mir sind zum Beispiel erst nach der Scheidung von meinem letzten Mann Dinge zu Ohren gekommen, die mich wirklich schockiert haben. Er hatte rücksichtslos etliche Menschen vor den Kopf gestoßen und immer so getan, als spräche er auch für mich. Nachdem er fort war, waren viele Freunde und Bekannte und ich selbst völlig fassungslos, als wir sein doppeltes Spiel entdeckten. Er ertrug es nicht, wie ich mich für meine Arbeit und meine Familie stark machte, aber so war es nun einmal: Ich habe weitergemacht und mein Leben gelebt. Ich hätte mich dafür ohrfeigen können, ihn nicht früher durchschaut zu haben. Aber wie ich schon so oft gesagt habe: Wenn ich meine hellseherischen Fähigkeiten auch auf mich anwenden könnte, wäre es schließlich perfekt, oder?

Vielleicht fragen Sie sich, wie ich mir angesichts meiner eigenen Beziehungen eigentlich ein Urteil darüber erlauben kann, was gut ist oder was funktioniert. Nun, ich habe aus diesen schlechten Erfahrungen gelernt und erkannt, was sinnvoll und wichtig ist. Einmal habe ich meine Geistführerin Francine gefragt: "Warum musste ich im Leben so oft durch die Hölle gehen?"

Sie antwortete: "Wie könntest du sonst mit anderen mitfühlen oder anderen helfen?"

Ich entgegnete, ich hätte ja Bücher darüber lesen können, aber sie versicherte mir, dass ich selbst die Erfahrung machen musste.

Ich glaube nicht, dass jemand, dessen Leben "mustergültig" verlaufen ist, jemals verstehen wird, was andere in schweren Zeiten durchmachen. Man muss wissen, wie es sich anfühlt, und ich versichere Ihnen, dass ich das weiß.

In stürmischen Zeiten sagen sich die Menschen oft: "Wenn ich nicht mit meinem jetzigen Partner zusammenbleibe, werde ich vielleicht nie wieder jemanden finden." Ich bin jedoch der Ansicht, dass man es allein besser hat als in einer Beziehung, in der man gering geschätzt, gehasst oder erniedrigt wird und letztlich tief verzweifelt ist.

Nach einer schwierigen Lektion geht das Leben weiter, die Trauer lässt nach - und irgendwann kehrt auch die Freude zurück. Ich verspreche Ihnen, dass Sie, wenn Sie sich selbst achten und lieben, auch wieder Liebe erfahren werden. In meinem Leben gibt es jetzt zum Beispiel einen Partner, der liebenswürdig und fürsorglich ist, keine Forderungen an mich stellt und Freude an meinem Erfolg hat, wie auch immer man diesen definiert. Und er weiß, dass meine wahre Liebe der Menschheit, Gott, meinen Freunden und meiner Familie gilt.

## Beziehungshürden

Geld kann in einer Beziehung mehr Probleme verursachen, als den Menschen bewusst ist. Man will nicht nur mithalten können, sondern möglichst andere auch noch übertrumpfen. Bei entsprechenden Gelegenheiten wird man folglich oft gefragt, was man beruflich macht, wo man wohnt und was für ein Auto man fährt. Sogar in Kontaktanzeigen geben neun von zehn Frauen an, sie seien auf der Suche nach einem vermögenden Mann beziehungsweise einem Mann in "gesicherten Verhältnissen". Fast sieht es so aus, als sei der Mensch weniger wichtig als die Höhe seines Einkommens. Wenn man aber wirklich ehrlich mit sich ist, kommt man irgendwann zu dem Schluss, dass man sich nicht über "Dinge" definieren kann. Anders ausgedrückt: "Der mit den meisten Spielsachen" sollte eher nicht das Motto bei der Partnersuche sein, oder aber Sie sind auf dem besten Weg zu einer geballten Portion Herzschmerz.

Verstehen Sie mich nicht falsch: Ich bin überzeugt davon, dass Gott uns glücklich und sogar erfolgreich sehen will, aber oft frage ich mich, wie viele Autos wir überhaupt fahren und wie viele Häuser wir bewohnen wollen, wie viel Schmuck und Kleider wir tragen können und wie viele raffinierte Abendessen wir noch verkraften? Das Maß ist voll, und Überfluss ist Ballast. Nicht von ungefähr sind die Menschen, für die ich Readings gemacht habe und die sehr viel Geld haben, gar nicht so glücklich. Sie fürchten, ihr Vermögen zu verlieren oder nur um ihres Besitzes willen gemocht zu werden (was noch trauriger ist). Natürlich sollten wir Erfolg und finanzielle Sicherheit anstreben, aber wir sollten es immer für uns und für Gott tun.

Wenn Sie Geld haben, nehmen Sie es als das, was es ist: ein Instrument, mit dem Sie sich und anderen im Sinne des großen Ganzen helfen können. Es ist ein großer Unterschied, ob man komfortabel oder dekadent lebt. Eine Million Dollar für einen Toilettensitz aus massivem Gold auszugeben, das ist Verschwendung, vor allem, wenn man daran denkt, wie viele arme Kinder man mit dem Gegenwert ernähren könnte. Und wie vermögend Sie auch sein mögen: Wenn Ihre Seele nicht im Gleichgewicht ist, wird es Ihnen auf Dauer auch nicht gut gehen. Sie werden auf Alkohol, Drogen, Essen, Sex, Arbeit oder andere Äußerlichkeiten zurückgreifen, um die Leere auszufüllen, die Sie nur von innen heraus füllen können.

❋ ❋ ❋

Auf die unzähligen Unterschiede zwischen Männern und Frauen werde ich hier nicht näher eingehen, aber aufgrund meiner langjährigen Erfahrung mit Aura-Readings habe ich unweigerlich ein paar Standpunkte entwickelt, die sich alle bewahrheitet haben. Die Mehrzahl der Frauen sieht zum Beispiel nicht, dass Männer genauso sensibel (wenn nicht sensibler) sind als wir. Ihr Ego ist viel fragiler als unseres, weswegen auch so viele Männer über Autos, Karriere oder sonst irgendetwas die Tatsache kompensieren, dass sie nicht mehr einfach losziehen und auf die Jagd gehen können.

Eltern sagen selbst zu kleinen Jungen: "Männer weinen nicht" oder "Indianer kennen keinen Schmerz". Dies ändert sich zwar, aber jahrelang wurden Jungen aufgefordert, sich nicht "wie ein Baby" zu benehmen, während Mädchen ruhig weinen können und getröstet werden, wenn sie sich wehtun. Mir ist auch aufgefallen, dass es bei Männern am Anfang einer Beziehung eher um die Lust geht, während Frauen sich viel schneller verlieben. Das liegt daran, dass wir Frauen lieben dürfen und Zuneigung, selbst zu anderen Frauen, auch offen zeigen können.

Hinzu kommt, dass viele von uns, nicht zuletzt geprägt durch diverse Fernsehserien, mit der Vorstellung vom perfekten Familienleben aufwachsen: Die Frau führt tadellos den Haushalt, der Mann beteiligt sich an der Kindererziehung, und beide lieben sich aus tiefstem Herzen. Selbst die heutigen Sitcoms, die angeblich "realistischer" sind, projizieren ein unrealistisches Bild, und spätestens nach einer halben Stunde ist alles wieder in Butter. Leben imitiert nicht immer Kunst, und umgekehrt; wir können nicht irgendeinem Beziehungsmuster folgen, das von keinem Wölkchen getrübt ist. Die Frage "Warum kannst du nicht so und so sein?" ist so eine Falle. Wir können nur wir selbst sein, und dazu gehört auch die eine oder andere Schwäche, weswegen männliche Empfindsamkeit und männliches Ego genauso in Ordnung sind wie die "Aschenputtel-Sehnsucht", die den Frauen zu eigen zu sein scheint - sofern sie nicht über jedes vernünftige Maß hinausgehen.

Wenn wir uns die geschlechtsspezifischen Unterschiede bewusst machen, haben wir auch nicht so hohe Erwartungen aneinander und streiten nicht, weil wir uns gegenseitig nicht verstehen. In dem Zusammenhang gefällt mir das Wort "Kompromiss" besonders gut. Auch manche Formulierungen können uns mit unserem weiblichen oder männlichen Standpunkt weiterhelfen, etwa ein Satz wie: "Ich verstehe, dass du sensibel bist, und werde dich verbal nicht beschneiden", und "Ich weiß, dass du als Ehefrau und Mutter dein Bestes gibst".

Wir alle treffen Entscheidungen, die wir als ungut empfinden - und sehen nicht, dass es allein schon deshalb, weil wir aus ihnen lernen, gute Entscheidungen sind. Wie oft denken wir zurück und malen uns aus, was wohl gewesen wäre, wenn wir uns mit Joe oder Susan oder wem auch immer zusammengetan hätten. Es war aber im Lebensentwurf nicht vorgesehen. Seltsamerweise spielt auch unser Verstand uns übel mit, indem wir uns tendenziell nur an das Gute erinnern und darüber vergessen, warum die alten Beziehungen eigentlich nicht funktioniert haben. Vergleiche mit einer Phantomvergangenheit - ob wir sie selbst anstellen oder ob andere es tun - entbehren jedoch jeder Grundlage und sind nur grausam.

Oft geschieht dies nach einem Todesfall oder einer Scheidung; Enttäuschungen oder Streitereien geraten in Vergessenheit, und dann melden sich die Schuldgefühle zu Wort: Wenn ich mich so und so verhalten hätte, wäre er nicht gegangen. Oder: Wenn ich mich eher an dieses oder jenes gehalten hätte, wäre sie noch bei mir. Oder: Wäre ich an jenem Tag bei ihm gewesen, wäre er noch am Leben. Oder: Ich hatte nie die Gelegenheit, mich von ihr zu verabschieden. Und so weiter, und so fort ... Ich betone noch einmal, dass alles exakt in Ihrem Lebensentwurf festgehalten war. Es ist nicht nur deprimierend, in der Vergangenheit zu leben, sondern auch sinnlos.

Es ist, als wäre man mit jemandem verheiratet und würde sich jemand anderen an seiner Seite wünschen. Ich habe so oft die Erfahrung gemacht, dass die Kirschen in Nachbars Garten eben nicht süßer sind. Sie sollten lieber zunächst Ihre Seele und Ihre Wert- und Moralvorstellungen ergründen, bevor Sie eine Affäre beginnen und auf einen Schlag mehrere Leben durcheinanderbringen. Manche Menschen sehen einen Reiz in Affären mit verheirateten Partnern, weil sie sich dann sicherer fühlen oder darin eine Herausforderung für ihr Ego liegt; in spiritueller Hinsicht aber ist dies so oder so vermintes Gelände. Ich sage nicht, dass eine Beziehung zu verheirateten Partnern grundsätzlich falsch ist, aber entscheidend ist das Motiv. Schielen Sie nicht auf das Leben eines anderen Menschen, nur um das eigene angenehmer zu gestalten, denn das können nur Sie selbst.

Es steckt viel Wahres in dem Satz, dass man eine glückliche Ehe nicht sprengen kann. Als ich zum Beispiel endlich imstande war, meinen ersten Mann Gary zu verlassen, trennte sich auch mein künftiger zweiter Ehemann Dal von seiner Frau, und zwei Jahre später haben wir geheiratet. Ich sage nicht, dass Dal und ich durch und durch richtig gehandelt haben, aber unsere jeweiligen Beziehungen waren schon lange vorbei, bevor wir zusammenkamen. Es war der richtige Zeitpunkt, das richtige Motiv, wir hatten einen spirituellen Sinn dafür, was richtig und falsch war, und so ging es auch für alle Beteiligten gut aus.

## Ehe und Moral

An dieser Stelle möchte ich kurz auf das Sakrament der Ehe eingehen und darauf, was in unserer modernen Welt daraus geworden ist. Im Zuge unserer zunehmenden "Zivilisiertheit" scheint der Respekt gegenüber der Ehe geschwunden zu sein. Die Scheidungsraten steigen sprunghaft an; Scheidungen sind nicht mehr in dem Maße mit einem Makel behaftet wie früher. Als ich meinen ersten Mann verließ, war das Ende einer Ehe noch mit einem enormen Gefühl des Scheiterns verbunden. Zudem war ich damals noch praktizierende Katholikin, und in meiner Familie war es auf keiner der beiden Seiten je zu einer Scheidung gekommen. Aufgrund meiner religiösen, moralischen und ethischen Überzeugungen stand ich also in der Pflicht und musste zusätzlich fürchten, der Familie Schande zu bereiten.

Die Leute waren sprachlos, als sie von meiner Scheidung erfuhren, weil ich mein Privatleben sonst absolut vertraulich behandle und den mentalen und physischen Missbrauch natürlich nicht aufdecken wollte. Damals zeigte man der Welt ein fröhliches Gesicht, bis man sich der Lebenslüge bewusst wurde, und in der Zeit, in der ich aufwuchs, entsprach die bedingungslose Aufrechterhaltung der Ehe der gängigen Moralvorstellung. In den späten fünfziger und in den frühen sechziger Jahren gehörte die Unabhängigkeit der Frau gewiss nicht zu den Dingen, die im Mittleren Westen Amerikas besonders gefördert worden wären.

Erst vor ein paar Jahren fuhr ich zu einem Klassentreffen nach Kansas City, und unter immerhin 125 Schülerinnen war ich eine von sage und schreibe zweien, die geschieden waren! Ich will mich zu den einzelnen Bundesstaaten nicht unüberlegt äußern, aber auf meinen Reisen und durch viele Telefonate mit Menschen aus ganz Amerika habe ich den Eindruck gewonnen, dass die Scheidungsrate in den Küstengebieten höher ist als im Landesinneren. Liegt es daran, dass das Leben an der Küste mehr Versuchungen und Stress birgt oder die Menschen in den größeren Städten eben unzufriedener sind? Oft machen wir das Leben aus der eigenen Unsicherheit heraus komplizierter, als es ist, vor allem, wenn wir nach Menschen Ausschau halten, die unsere innere Leere ausfüllen sollen.

Mittlerweile ist es normal, Menschen zu begegnen, die geschieden sind, und etliche Eltern sind alleinerziehend. Liegt es daran, dass die Menschen generell keine Zeit mehr haben, um ihre Liebesbeziehungen zu pflegen? Sind wir zu sehr mit dem Geldverdienen beschäftigt, und Fürsorge und Liebe bleiben auf der Strecke?

Seit jeher waren Moralvorstellungen bestimmten Zyklen unterworfen. In den zwanziger Jahren war als Reaktion auf die 1919 beschlossene Prohibition das Feiern angesagt. In den vierziger und fünfziger Jahren wurden Familienwerte groß geschrieben, und dann kam der Rock 'n' Roll und damit, wie jeder dachte, angeblich auch der Niedergang der Jugend. In den sechziger Jahren, als einige Interessengruppen Veränderungen durch friedliche Demonstrationen herbeiführen wollten, kamen auch die freie Liebe und die Drogenkultur auf, und wieder dachten die Moralisten, unsere Jugend wäre beim Teufel. Die Menschen neigen dazu, das Positive, das in diesen Jahren entstanden ist, zu vergessen, so etwa die Bürgerrechtsbewegung und das spätere Ende des Vietnamkrieges.

Es folgte eine Zeit, in der sich unsere Aufmerksamkeit von den Vereinigten Staaten weg auf die Welt richtete und jemand wie Anwar El Sadat durch seine Politik in den siebziger Jahren eine globale Veränderung bewirkte. Obwohl seit dem Zweiten Weltkrieg der Kalte Krieg herrschte, änderte sich auch Russland und wurde schließlich in den neunziger Jahren zu einer Demokratie. Damals verlagerte Amerika den Fokus auf den Nahen Osten und auf Bosnien. In heutiger Zeit eskalieren die Konflikte auf dem Globus, und der Terrorismus ist die neue Wirklichkeit, mit der wir uns alle auseinandersetzen müssen.

Derzeit erleben wir das Aufbegehren der Moralisten unter Führung der Republikaner, und ob das gut oder schlecht ist, sei dahingestellt, denn die Moral kommt und geht wie die vier Jahreszeiten. Früher konnten wir Alltagsprobleme gelassener angehen, denn sie waren lokal begrenzt, aber da Negativität mittlerweile ein weltweites Phänomen ist, überwältigt uns der Stress. Seit dem 9. September 2001 hat er in einem Maße zugenommen, dass wir alle betroffen sind, und diese Spannung halten wir nicht gut aus, was sich vor allem auch auf unser Privatleben auswirkt.

Die moderne Technik ist ursächlich mitverantwortlich, denn heutzutage werden wir permanent mit Informationen versorgt – inklusive anschaulicher grafischer Darstellungen und Bilder. Allmählich sind wir ganz betäubt von Gewalt, Tod und anderen Gräueltaten, die sich in der Welt ereignen. Vielleicht fragen Sie sich, worauf ich eigentlich hinaus will. Nun, Stress, Unmenschlichkeit und Stumpfsinn haben uns noch gleichgültiger, gefühlloser und voreingenommener gemacht. Wenn wir uns nicht in Acht nehmen, werden wir langsam zu Tieren, die um den letzten Knochen aufeinander losgehen.

Das überträgt sich zwangsläufig auf unser Privatleben und unsere Beziehungen. Menschen, die einen Turban tragen, werden als Feinde betrachtet und grundlos attackiert; wir werden misstrauischer und errichten Mauern um uns, die sowohl Feinde als auch nahestehende Menschen auf Abstand halten - alles Überreaktionen vergleichbar denen in der Vergangenheit, als während des Zweiten Weltkriegs japanischstämmige Amerikaner interniert wurden oder als in der McCarthy-Ära als Antwort auf den Kommunismus die Rote Angst herrschte oder als den Vietnam-Veteranen Unrecht widerfuhr oder vor und während der Bürgerrechtsbewegung Hass und Diskriminierung an der Tagesordnung waren. Jetzt kommt es infolge des Terrorismus auch wieder zu abstoßenden Überreaktionen.

Die Welt wird überleben (zumindest die nächsten hundert Jahre), und auch die Menschen werden überleben, allem Stress und allen Qualen zum Trotz, die wir dank unseres unmenschlichen Miteinanders erleiden. Dieses Überleben wird in erster Linie auf unserer Beziehungsfähigkeit beruhen. Ich schneide damit zwar ein Thema an, das Diskussionen auslösen könnte, aber meines Erachtens besteht ein direkter Zusammenhang zwischen dem Umgang, den wir untereinander pflegen, den Werten, die wir hochhalten und unserer Art zu lieben. Ohne Liebe gibt es weder spirituelle Verbindungen noch Hoffnung noch Glück - weder für uns noch für unseren Planeten. Und immer dann, wenn man uns unter dem Deckmantel gesellschaftlicher Moralvorstellungen vorschreibt, was wir zu tun haben, droht Gefahr.

Wir müssen unseren Herzen genauso folgen wie unserem Lebensentwurf. Obwohl wir fast alle auf dem richtigen Weg bleiben, sind wir manchmal verwirrt oder haben Schuldgefühle, wenn wir unserem Instinkt folgen. Unsere Instinkte aber sind gewissermaßen das Gedächtnis unseres Lebensentwurfs. Dennoch wissen wir nicht mehr genau, was richtig und was falsch ist, denn wir hören auf das, was uns die Gesellschaft vorschreibt, statt auf unsere göttliche Mitte zu hören.

Nehmen wir an, Sie hätten in Ihrem Lebensentwurf zwei Kinder vorgesehen und sind dann doch nicht so begeistert, wie Sie dachten, oder die Kinder entwickeln sich nicht so, wie Sie gehofft hatten. Sich entsprechend dem Lebensentwurf zu verhalten, heißt jedoch nicht, dass das Leben ein Rosengarten wäre. Sie haben diesen Teil des Lebensentwurfs erfüllt, nicht überragend, aber so gut Sie konnten. Sie haben hoffentlich daraus gelernt und können es ohne Schuldgefühle dabei bewenden lassen. Wenn Sie Ihr Bestes gegeben haben, können Sie jedenfalls ohne Weiteres auch gehen. Sie haben Ihre Aufgabe erfüllt, und damit ist es an den anderen, nun ihrerseits dem Lebensentwurf gerecht zu werden.

## Ein paar Ratschläge

Ich war immer der Überzeugung, dass Aufrichtigkeit das oberste Gebot ist, aber ich erinnere mich auch an das, was Pfarrer Nadean uns in der Schule über die Ehe erzählte. Im Großen und Ganzen sagte er, dass die Beichte in der Regel nur einer einzigen Seele guttue, nämlich der eigenen.

Anders ausgedrückt: Ist es, wenn Sie heiraten, so wichtig, dass Sie Ihrem beziehungsweise Ihrer Zukünftigen alle Einzelheiten Ihrer Vergangenheit darlegen, nur um Ihr Gewissen zu erleichtern? Was sich in Ihrem Leben ereignet hat, bevor Sie Ihrem jetzigen Partner begegnet sind, ist *Ihr* Leben. Tatsächlich ist es oft so, dass es den anderen nur verletzt, wenn man sich selbst auf diese Weise entlastet, und Argwohn, der auf diese Weise entsteht, lässt sich nie mehr ausräumen. Anders verhält es sich mit einer wirklich dunklen Vergangenheit, die für die Beziehung belastend sein könnte, aber ständig über frühere Eroberungen zu sprechen, ist nicht ehrlich, sondern grausam. Niemand will beim Vergleich mit jemandem, der allem Anschein nach vollkommen war, den Kürzeren ziehen.

Manchmal können diese angeblich der Wahrheit dienenden Offenbarungen auch wohltuend sein, aber man sollte immer sehr behutsam damit umgehen. Fragen Sie zuallererst sich selbst, ob Sie nicht vielleicht projizieren. Mit anderen Worten: Wenn Sie selbst lügen, gehen Sie vielleicht davon aus, dass andere es auch tun. Wenn Sie also eifersüchtig sind, sollten Sie sich fragen, was Sie verbergen oder aus Ihrem bisherigen Leben auf Ihren jetzigen Partner übertragen, das Sie so misstrauisch macht, vor allem ohne konkrete Anhaltspunkte. Nur weil Ihr Liebster oder Ihre Liebste eine andere attraktive Person ansieht, sollten Sie keine Lawine lostreten. Immerhin ist Ihr Partner nicht tot, und wir alle sollten uns an der Schönheit eines anderen Körpers, eines anderen Geistes oder einer anderen Seele erfreuen. Natürlich will aber auch niemand an seine Unvollkommenheiten erinnert werden und sich anhören müssen, warum er nicht auf diese oder jene Weise handelt oder so und so aussieht. Das alles fällt unter das Stichwort "Verunsicherung". Wenn sie sich aus Ihrem Inneren meldet, holen Sie sich Hilfe; wenn sie durch andere verursacht wird, reden Sie mit den betreffenden Menschen.

Bei meinen Readings mache ich immer wieder die Erfahrung, dass die Menschen nicht wissen, wie sie Dampf ablassen sollen. Streit ist ein schreckliches Wort, Dampf ablassen bedeutet dagegen: "Ich will das loswerden, damit du mich verstehst und meinen Standpunkt nachvollziehen kannst." Wenn wir anfangen, alte, zigfach erörterte Probleme zu wälzen, können wir unsere Beziehung genauso gut begraben, weil sie entweder ohnehin schon tot ist oder ihr soeben in einem langsamen, schmerzlichen Prozess der Garaus gemacht wird. Wir sollten uns unmissverständlich und respektvoll äußern. Wenn wir uns in Beschimpfungen ergehen und gegenseitig mit dem Finger auf uns zeigen, machen wir unsere Seele klein und zwingen unseren Partner in die Verteidigung, womit er fast schon auf verlorenem Posten steht.

Es versteht sich von selbst, dass körperlicher Missbrauch unter keinen Umständen toleriert werden kann, aber grausame Worte können sich genauso gut dauerhaft in die Seele einbrennen. Für sich geltend zu machen, man sei so außer sich gewesen, dass man nicht mehr gewusst habe, was man sagt, ist eine faule Ausrede. Wenn Sie derart außer Kontrolle geraten, dann gibt es in der Regel tiefere Ursachen dafür, die Sie nicht benannt haben und die bewirken, dass die Emotionen sich über den Verstand hinwegsetzen.

Was einmal ausgesprochen ist, kann nicht zurückgenommen werden. Natürlich habe ich mir mehrmals auf die Zunge gebissen, so sehr haben meine wahren Gefühle in mir getobt, aber eines habe ich sehr früh von meiner Großmutter gelernt; und zwar anhand eines Bildes, das sie mir gab. Ich sollte mir vorstellen, ich würde mich mit einem Federkissen an Bord eines Flugzeugs in die Lüfte erheben. "Schneide das Kissen auf, schüttle die Federn bei geöffneter Tür heraus und sammle sie wieder ein."

Natürlich sah ich sie erstaunt an und sagte: "Aber du weißt doch, dass das nicht geht."

Ruhig entgegnete sie: "So ist es auch, wenn du versuchst, gehässige Worte zurückzunehmen, wenn sie deinem Mund erst entwichen sind."

❋ ❋ ❋

Viele Menschen gehen eine Ehe ein, wenn noch Verliebtheit herrscht und die Hormone verrücktspielen. Wir sollten uns immer genügend Zeit geben, um den anderen kennen zu lernen - mindestens ein bis zwei Jahre, in denen man gemeinsam einige Höhen und Tiefen erlebt. Dann sehen wir die Menschen auch so, wie sie wirklich sind, und nicht, wie sie sich selbst darstellen.

Aus meinen Readings weiß ich, dass die Menschen übereilt vor den Altar treten, aus Angst, vielleicht gar nicht mehr zu heiraten. Ich bin überzeugt, dass dies noch ein Überbleibsel aus früheren Leben ist. Eine frühe Heirat entsprach einst den Erwartungen, allein schon wegen der kürzeren Lebensspanne. Die Frauen starben oft im Wochenbett, und es gab unzählige Seuchen, Tuberkulose- und Grippewellen (die in den USA sogar noch in den zwanziger Jahren des letzten Jahrhunderts Angst und Schrecken verbreiteten). Die Menschen konnten sich glücklich schätzen, wenn sie das 40. Lebensjahr erreichten. Der Generalsekretär der ägyptischen Altertumsverwaltung, Dr. Zahi Hawass, schilderte mir einmal, dass viele Ägypter in der Frühzeit noch vor dem 20. Lebensjahr oder kurz darauf starben, oft wegen Abszessen an den Zähnen.

Von diesem Nachklang früherer Leben sollten wir uns frei machen und uns so lange gedulden, bis wir die Person finden, die zu uns passt (auch wenn ich es für wirklich absurd halte, den perfekten Partner haben zu wollen, wo wir selbst doch weit davon entfernt sind!).

Wenn Sie diese Person dann finden, halten Sie sich vor Augen, dass Selbstgefälligkeit und Mittelmaß für jede Beziehung tödlich sind, denn sie führen zu spiritueller Dissonanz. Wenn das eintritt, gleich ob die betroffene Person es bewusst wahrnimmt oder nicht, beginnt sie, nach etwas Aufregenderem Ausschau zu halten. Natürlich fragt man sich gelegentlich, wie das Leben ohne den Partner aussehen würde, so wie man sich auch eine andere Arbeit oder wohlerzogene Kinder vorstellt. Das ist normal - sofern diese Vorstellungen nicht alles dominieren.

Tödlich für eine Beziehung ist es auch, den anderen für selbstverständlich zu halten; das gilt übrigens für jeden Menschen in jeder Beziehung. Das Ergebnis ist eine Pattsituation, denn man meint,

Ansprüche zu haben. Es hat aber niemand Anspruch auf irgendetwas – man muss sich alles im Leben verdienen, weswegen Dankbarkeit auch zum Alltag gehören sollte.

Neulich sagte mein ältester Sohn, der immer mit mir unterwegs ist, zu mir: "Mama, für mich ist es so wertvoll, mit dir zu reisen, und ich genieße die Zeit, die wir miteinander verbringen." Damit hat er mir weit über diesen Tag hinaus eine Riesenfreude gemacht. Was kostet es, jemandem zu sagen, wie sehr man ihn wertschätzt? Damit kann man jemanden anhaltend glücklich machen und ihm Selbstvertrauen schenken, und darüber hinaus ist es ein Anreiz für einen selbst, noch mehr Menschen eine Freude zu bereiten.

Oft mischen sich Freunde und Angehörige zu sehr in eine Liebesbeziehung ein. In dem Fall sollten Sie die negativen Einflüsse unbedingt von sich fernhalten. Das heißt nicht, dass man wohlwollenden Menschen, die einen unterstützen, den Laufpass geben sollte, aber sehr wohl denen, die schlecht über den Partner reden und versuchen, einen Keil zwischen Sie beide zu treiben. Ich habe es so oft erlebt, dass Ehen dadurch gerettet wurden, dass die Betroffenen von angeheirateten Verwandten abgerückt sind, die Kontrolle ausüben wollten, oder dass sie auf Abstand zu Single-Freunden gingen, die beispielsweise den alten Kumpel wieder in ihre Mitte holen wollten, um wie früher um den Block zu ziehen. Das sind ungute Beziehungen, die ihre Wirkung auf das Paar nicht verfehlen, aber wenn die Ehepartner genügend Integrität besitzen und alles abwenden, was ihr Glück gefährden könnte, wird es gut ausgehen.

Dann wären da noch die unerfreulichen Angewohnheiten, die man am anderen anscheinend überhaupt nicht ausstehen kann, die aber über einen tiefer sitzenden Ärger hinwegtäuschen. Die meisten von uns hacken auf den Eigenarten des Partners herum, statt die Katze aus dem Sack zu lassen. Ob es sich um eine sexuelle Störung, um Faulheit oder irgendeine Charakterschwäche handelt, mit der wir uns nicht auseinandersetzen wollen: Wir reagieren reizbar oder kratzbürstig.

In einem solchen Fall kommunizieren wir entweder sinnvoll miteinander oder schaffen am Ende ein noch größeres Problem, denn niemand will mit jemandem zusammenleben, der einem ständig Vorhaltungen macht. Mit sinnvoller Kommunikation sind allerdings ganz konkrete Risiken verbunden, weswegen viele von uns eine Aussprache lange vor sich herschieben oder den Schritt erst gar nicht wagen.

Wenn Sie in einer Beziehung unglücklich sind, diese aber retten wollen, müssen Sie in den sauren Apfel beißen und zumindest versuchen, miteinander zu reden, oder Sie werden einfach weiterhin unglücklich sein. In vielen Fällen ist die größte Angst vor sinnvoller Kommunikation die, dass der andere möglicherweise nicht versteht, was man sagt, oder es nicht gut genug versteht, um das Nötige zu verändern und die Beziehung so zu verbessern. Was könnte schlimmstenfalls geschehen? Er oder sie könnte wütend werden, Sie verlassen oder dafür sorgen, dass umgekehrt Sie gehen; er (oder sie) könnte Sie auch auf die eine oder andere Weise beleidigen oder sich weigern zuzuhören und dafür sorgen, dass Ihr Leben genauso mittelmäßig verläuft wie bisher. In all diesen Szenarien sind physisches oder seelisches Unbehagen jedenfalls vorprogrammiert, was wahrscheinlich auch der Grund für Ihr Zögern ist.

Wir alle müssen uns irgendwann im Leben dieser Entscheidung stellen. Wir fürchten den Schmerz, der uns bei "sinnvoller" Kommunikation ereilen könnte, aber wir müssen entweder versuchen, die Beziehung zu verbessern oder sie aufgeben, was dann mit noch mehr Trauer verbunden ist.

Unabhängig davon, was in meiner ersten Ehe vorgefallen ist, war es in gewisser Weise auch meine Schuld. Ich weiß noch genau, wie ich irgendwann meinen Mann angesehen und zu ihm gesagt habe: "Du hast Recht, es ist alles meine Schuld. Und weil das so ist, möchte ich auch gehen und dir deinen Frieden lassen." Er wusste nicht, was er sagen sollte, aber irgendwann war es eben so: Es war mir egal, wer Recht und wer Unrecht hatte, denn ich hielt es einfach nicht mehr aus. Es war höchste Zeit zu gehen. Niemand sollte Alkoholabhängigkeit, physische oder seelische Misshandlung, Glücksspiele, Drogen oder sonstiges Fehlverhalten dulden, denn es ist gesellschaftlich, spirituell und moralisch nicht hinnehmbar.

Wir alle haben zweifellos ein Bedürfnis nach Zweisamkeit, das aber in vielen Einzelbeziehungen befriedigt werden kann. Es ist wie mit Yin und Yang: das weibliche, dunkle Yin und das männliche, helle Yang ergeben zusammen einen vollständigen Kreis. Ob Mann oder Frau, Freund oder Familienmitglied - im Grunde können das intellektuelle Yang und das emotionale Yin also immer in unserem Leben zum Tragen kommen. Diese zwei sind als Eheleute oder Liebespaar allerdings unübertroffen. Nebenbei bemerkt sollten Sie sich durchaus eine Liste mit Ihren Erwartungen an einen Partner machen, aber eben auch eine zweite, auf der vermerkt ist, welche Erwartungen Sie an sich selbst haben. Der Frage: "Wo ist mein perfekter Partner?" halte ich oft entgegen: "Sind Sie selbst denn perfekt?"

Ich weiß, dass ich das mit einiger Vehemenz vertrete, aber wie oft suchen wir nach der einen, ultimativen Beziehung, in der wir den Rest der Welt ausblenden? Wenn wir uns zu sehr auf eine Person konzentrieren, geht alles andere in unserem Leben leer aus, und wir fühlen uns irgendwann einsam und verlassen.

Ich bin überzeugt davon, dass wir uns entweder nach dem Jenseits sehnen (wo es die vollkommene Liebe gibt) oder einer falschen Romantik nachhängen, wie sie uns über Romane und Filme vermittelt wird. Dafür sind wir nicht inkarniert. Unsere Aufgabe hier ist es, Liebe zu *geben* und nicht nur zu empfangen.

## KAPITEL 5

# Andere geliebte Wesen auf der Erde und im Jenseits

Es gibt die Menschen, die uns in den ersten Jahren unterstützt und unser Fundament gelegt haben, aber was ist mit all den teuren Freunden, denen wir auf unserem späteren Lebensweg begegnen? Mehrere Menschen haben mir erzählt, dass sie sich nach Ende der Schulzeit schwer damit taten, Freundschaften zu schließen. Man muss aber, um Freunde zu haben, selbst auch ein Freund *sein*. Hoffentlich hören wir niemals auf, uns mit anderen Menschen zu verbinden, die unser Leben so bereichern.

Mit manchen Menschen haben wir über Jahre hinweg Freud und Leid geteilt, manchmal sogar ein Leben lang. Mary Margaret Ryan beispielsweise habe ich in der Schule kennen gelernt; wir sind seit 61 Jahren miteinander befreundet. Obwohl ich über vier Jahrzehnte in Kalifornien gelebt habe, haben wir den Kontakt über Briefe, Telefonate und gegenseitige Besuche immer aufrechterhalten. Wir reden über die gute alte Zeit, als wir noch ins Museum gegangen sind, Spiele gespielt und im Park Jungs geküsst haben ... und uns dann auf dem ganzen Heimweg kaputtgelacht haben!

Freunde sind ein unschätzbares Geschenk. Zusammen mit Mary Margaret habe ich noch rund zehn gute Freunde in Kansas City.

Als ich kürzlich dort war, bin ich mit meinen allerbesten Freunden Mag und Joe essen gegangen. Wir dachten an meine Großmutter, meinen Onkel und meine Eltern zurück, und Joe sagte zu mir, alles, was er über das Geschäftsleben wisse, habe er von meinem Vater. Diese Art der Bestätigung und Erinnerung ist unbezahlbar. Nach dem Essen haben wir noch lange beisammengesessen und über die Nonnen geredet, die uns unterrichteten, über unsere Beziehungen und über geliebte Menschen, die schon gestorben sind. Von diesem Abend bleibt mir ein intensives Gefühl für Entwicklungen, die man im Leben macht, für Treue und Verbindlichkeit.

Dass man mit seiner Geschichte und ihren Höhen und Tiefen identifiziert wird, bedeutet nicht etwa Unfreiheit; alte Freunde verdichten vielmehr das, was einen ausmacht, die eigene Herkunft. Meine Freundin Paula hat es so formuliert: "Wenn wir dich im Fernsehen sehen oder deine Bücher lesen, fühlen wir uns als Teil von dir." Als ich Kansas City verließ, dachte ich, mein Aufbruch in das fremde Kalifornien wäre gleichbedeutend mit dem Ende wahrer Freundschaft. Da habe ich mich allerdings geirrt!

Anfangs unterrichtete ich in der Pfarrei St. Albert the Great in Palo Alto, Kalifornien, und freundete mich dort mit den Nonnen und einigen Müttern aus dem Lehrer-Eltern-Ausschuss an. Dann schrieb ich mich für die Abendklassen von Notre Dame ein (das damals zur Universität von San Francisco gehörte), um meinen Master zu machen. Dort traf ich eine Liebe meines Lebens: den brillanten und wunderbaren Professor Robert Williams, der mir zeigte, was wahre Freundschaft bedeutet. Er war zwar schwul, aber er hat mich auch gelehrt, dass Liebe nicht unbedingt mit Sex zu tun haben muss. Er bezeichnete das, was uns verband, immer als "geistigen Orgasmus", und das war es auch. Ich habe diese intellektuellen Zusammenkünfte mit meinem Freund über alles geliebt.

Wir redeten über Literatur, Politik, Religion und auch über meine hellseherischen Fähigkeiten. Und einmal, als wir im Auto saßen, sagte er zu mir: "Sylvia, du hast mich nie gedrängt oder mich gefragt, warum ich mich auf der anderen Seite bewege."

Ich wusste, was er meinte, und antwortete: "Ich weiß, es macht mir nichts aus. Ich liebe dich, wie du bist." Daraufhin nahm er meine Hand, drehte sie um und küsste sie ... Und damit war alles gesagt.

Die Zeit, die ich mit Bob verbracht habe, gehört zum Spannendsten und Anregendsten, was ich erlebt habe. Er hatte einen einzigartigen Humor, und da Humor bei mir auch nicht zu kurz kommt, haben wir regelmäßig Tränen gelacht. Damals wurde ich mit der Gay-Community in San Francisco vertraut und lernte viel über einen freundlichen Umgang miteinander und das Lachen überhaupt. Bob nahm mich mit zu all seinen Treffen und machte mich mit seinen Freunden bekannt (Enrique, Joey, David, Dennis und viele andere – danke für eure Liebe und eure bedingungslose Freundschaft!).

Ich will mich nicht schon wieder aufs Glatteis begeben, aber ich habe unmittelbar erlebt, wie die Männer zusammenhielten, sich gegenseitig halfen und füreinander sorgten, wenn einer von ihnen krank war. Damals wurden die ersten Fälle von AIDS bekannt, das damals noch als "Schwulenkrebs" bezeichnet wurde.

Meine Freundschaften sind jedenfalls eine bunte Mischung aus Menschen unterschiedlichen Geschlechts, unterschiedlicher Rassen und unterschiedlicher Glaubensrichtungen. Wir alle sollten uns glücklich schätzen, wenn wir Menschen mit unterschiedlichem Hintergrund zu unserem Freundeskreis zählen dürfen, denn sie sind eine Bereicherung. Wir meinen, Zeit, Alter und Raum würden uns trennen, aber das stimmt nicht. Wir alle empfinden Liebe, Freude, Schmerz, Mitgefühl und so weiter.

Obwohl ich Bob immer wieder sagte, ich wäre noch nicht so weit, um mit meinen Fähigkeiten in die Öffentlichkeit zu gehen, rief ich nach seinem Tod in Australien (ich hatte ihm von der Reise abgeraten) die Nirvana Foundation for Psychic Research ins Leben. Es war mit die schwierigste Zeit in meinem Leben, aber ich begann wirklich im Gedenken an ihn mit der Arbeit. Tatsächlich hatte ich das Gefühl, dass er mich zu früh verlassen hatte, aber er gab mir eine Aufgabe und eine Richtung vor und schenkte mir das Wissen, dass Liebe alle möglichen Formen annehmen kann und, egal wie, ebenso sinnvoll und begeisternd sein kann wie in der Beziehung zwischen Mann und Frau. Bob hat mich auf vielfältigste Weise dazu angespornt, den Weg meiner spirituellen Entfaltung fortzusetzen.

❋ ❋ ❋

Dass jede Beziehung ein Geben und Nehmen ist, ist fast schon banal. Wie aber sieht es konkret mit Ihren Freundschaften aus? Geben Sie mehr, als Sie empfangen? Geht es immer nur um die anderen und nie um Sie? Wenn Sie sich in Gegenwart Ihrer Freunde ausgelaugt oder verkrampft fühlen, dann sagt Ihre Seele Ihnen, dass Sie lieber gehen sollten. Sind Sie dagegen entspannt und haben das Gefühl, gleich in welcher Stimmung auf Verständnis zu stoßen, dann haben Sie echte Freunde. Echte Freunde akzeptieren sich, wie sie sind. Niemand ist immer nur "gut drauf", lustig oder unterhaltsam. Wenn Sie also den Druck spüren, immer so sein zu müssen, stimmt etwas in der Beziehung nicht.

Das Schlimmste, gleich in welcher Beziehung, ist die Erwartungshaltung. Stellen Sie sich selbst die Frage: "Worauf habe ich Anspruch, wenn ich mir Respekt, Liebe und Vertrauen nicht selbst verdient habe?" Ihre Existenz allein ist noch keine Garantie, geliebt oder respektiert zu werden. Einige Prominente, die ich kenne, scheinen aufgrund irgendeiner verschobenen Wahrnehmung ihrer selbst der Ansicht zu sein, sie verdienten eine Extrabehandlung. Aber dem ist nicht so. Wenn Sie freundlich und anpassungsfähig sind, gehen Sie heiter durch's Leben. - Vielleicht sagen Sie sich auch: "Ich tue immer alles für andere, aber ich bekomme nie etwas zurück." Zunächst einmal: *Warum* tun Sie das? Und vielleicht geben Sie anderen ja auch nie die Chance, einmal *Ihnen* zu helfen. Sie sind entweder das Opfer und empfinden tief im Innern Genugtuung darüber (denn sonst würden Sie Ihr Verhalten ändern), oder Sie sind so unsicher, dass Sie das Gefühl haben, Ihnen stünde nichts zu. Demut hat ihre Berechtigung, aber zu viel macht krank.

Unser Lebensentwurf beinhaltet, dass wir auf Erden sind, um dazuzulernen; ansonsten sollten wir unsere Zeit hier dazu nutzen, so viel Gutes wie möglich zu tun und anderen zu helfen. Wir müssen uns von den einfachen Grundsätzen leiten lassen, als da wären Freundlichkeit, Fürsorge und eigene Wertschätzung, dann können wir auch in Würde die Heimreise antreten. Und wenn wir vor Selbstmitleid zerfließen, weil uns Menschen verletzt oder enttäuscht haben, sollten wir schleunigst an all diejenigen denken, auf die das *nicht* zutrifft!

Dreißig Jahre lang war ich mit jemandem befreundet, der mich auf jede erdenkliche Art hintergangen hat, aber in all der Zeit habe ich immer an die wunderbaren Menschen gedacht, die mir mit Liebe begegnet sind. Zum Beispiel Pam, die seit drei Jahrzehnten so viele Prüfungen mit mir durchgestanden hat; ihr Mann, der sich noch an die ersten Meetings bei mir zu Hause erinnert; Linda, eine Seelenverwandte, die seit 28 Jahren bei mir ist, mit mir zusammenarbeitet und zusammenlebt ... Wie viele Höhen und Tiefen haben wir schon erlebt! Mein geliebter Abass, der mich immer "Queenie" nannte (und leider vor zwei Jahren gestorben ist), und Freunde aus jüngerer Zeit wie Ron, Reid, Nancy, Wayne, der Schauspieler Joel Brooks und viele andere mehr. All diese Seelen stehen für das Schöne in meinem Leben. Und auch Sie, die Sie meine Bücher lesen, meine Sendungen verfolgen oder meine Lesungen besuchen, haben mir so viel Liebe geschenkt. Ihnen allen verdanke ich, dass ich meiner Arbeit mit so viel Freude nachgehen kann.

Die Namen all derer, die ich liebe, würden unzählige Seiten füllen. Montel Williams steht so ziemlich an oberster Stelle: Seit 15 Jahren sind wir zusammen, und alles begann mit einem Versprechen und einem Handschlag. Ich hege grenzenlose Bewunderung für ihn, denn er ist ein unglaublich freundlicher und fürsorglicher Mann, der mehr Gutes tut, als irgendjemand ahnt. Wir haben so viel miteinander diskutiert und erlebt, als hätten wir uns schon immer gekannt. Mein lieber Dal, der nach meiner furchtbaren letzten Scheidung wieder in mein Leben getreten ist, ist immer ein überaus freundlicher und guter Gefährte. Dann wären da noch Brian aus Dutton; Bonnie, mein Literaturagent; Micheal Green und all die anderen ... Ich rede nicht unbedingt täglich mit all diesen Menschen, aber immer, wenn ich sie sehe, fahren wir da fort, wo wir beim letzten Mal stehen geblieben sind.

Statt uns darauf zu konzentrieren, was wir verloren haben, sollten wir uns dem zuwenden, was wir haben. Zum Beispiel liebe ich meine wunderbaren Schwiegertöchter noch immer, obwohl sie nicht mehr mit meinen Söhnen zusammen sind. Sie bedeuten mir so viel, nicht nur, weil sie mir Enkelkinder geschenkt haben, sondern weil ich sie um ihrer selbst willen liebe und wir eine gemeinsame Geschichte haben. Warum sollten wir negative Empfindungen oder Rachegefühle gegen jemanden hegen, der uns Frieden und Harmonie geschenkt hat? Sie sind noch lange keine schlechten Menschen, nur weil die Beziehung zu ihren Partnern nicht funktioniert hat (was nichts mit der Person zu tun hat).

Und ich habe nicht nur liebe Helfer, die mich seit über sechs Jahrzehnten begleiten, sondern ich habe auch viele neue Verbindungen geknüpft. Lindsay Harrison zum Beispiel kenne ich erst seit 1998, aber wir lachen oft, wenn wir daran denken, wie lange wir nun zusammenarbeiten und dass wir uns unmöglich erst seit so kurzer Zeit kennen können. Sie gehört zu den Menschen, bei denen ich gleich bei der ersten Begegnung gedacht habe: Da bist du ja! Erst kürzlich habe ich anlässlich einer Lesung vor 3000 Menschen in Kanada gesagt, dass wir alle Brüder und Schwestern im Geiste sind

– dem Geist des uns liebenden Gottes. Und jede Begegnung, die uns daran erinnert, ist zutiefst beglückend.

Oft höre ich bei einem Reading: "Sylvia, ich wünschte, wir könnten Freunde sein!" oder: "Sie können mich besuchen und bei mir wohnen, wann immer Sie in unserem Bundesstaat sind!", oder: "Ich habe das Gefühl, Sie schon aus früheren Leben zu kennen ..." Am liebsten würde ich näher auf all diese Menschen eingehen, doch fehlt mir einfach die Zeit. Aber wie dem auch sei: Wir sind tatsächlich Freunde und kennen uns aus dem Jenseits oder aus einem früheren Leben. Ich bin so dankbar und voller Demut für die Liebe, die mir geschenkt wird, und ich versuche, sie in gleichem Maße zu erwidern. Gegenseitige Liebe ist der Motor, der Körper und Seele antreibt, und der eigentliche Grund, weswegen wir hier sind. Wenn wir uns hinter dem Panzer unserer Einsamkeit verschanzen, müssen wir schon uns selbst die Schuld für unser Elend geben.

## Unsere Haustiere

Wie sieht es mit unseren geliebten Haustieren aus, die uns sogar mehr bedeuten können als manche Menschen in unserem Umfeld? Ich bin überzeugt, dass unsere tierischen Freunde wirkliche Schutzengel auf Erden sind, und wenn ich an Tierversuche denke, weiß ich gar nicht, wo ich anfangen soll, um meine Gefühle zu beschreiben, so wütend machen sie mich. Schließlich ist kein einziges Tier bösartig, wenn es nicht von Menschen grausam behandelt wurde; und in dem Fall setzt es sich zur Wehr, um zu überleben.

Als kleines Mädchen hatte ich nur Vögel (meine Großmutter hat erfolgreich Kanarienvögel gezüchtet) und Katzen, die ich sehr liebte. Als ich von zu Hause weg ging, bin ich auf Hunde umgestiegen und hatte fast schon jede Rasse, von Schäferhunden über Dobermänner bis hin zu Hirtenhunden und Mischlingen aus dem Tierheim. Derzeit habe ich einen Golden Retriever, zwei Yorkshire-Terrier, eine Bulldogge, einen weißen West Highland-Terrier, einen Shih-Tzu, einen Lhasa Apso, einen Labradoodle (eine Züchtung aus Labrador und Pudel) und einen Dackel, und jeder hat seinen ganz eigenen, lieben Charakter.

Sie sind ein ganz wichtiger Teil meines Lebens, und ich vermisse sie sehr, wenn ich unterwegs bin; dafür wird die Rückkehr immer zum Freudenfest. Wenn ich müde bin oder mich unwohl fühle, scheinen sie das instinktiv zu spüren und kuscheln sich ruhig und aufmerksam an mich. Und wenn ich raus auf den Hof gehe und mit ihnen spiele, ist es das reinste Vergnügen.

Eine Freundin von mir litt unter furchtbaren Angstattacken. Jedes Mal, wenn sie das Gefühl hatte, es könnte wieder losgehen, ging sie nach draußen und drückte ihre Tiere ganz fest, um die negativen Gefühle zu vertreiben. Wenn man autistische Kinder oder alte Menschen mit Tieren besucht, kann man ihnen bekanntlich fast immer ein Lächeln entlocken, denn anscheinend haben unsere vierbeinigen Gefährten die Gabe, negative Energien zu neutralisieren. Und es gibt Rassen - Bichon Frisé und Labradoodle -, deren Fell sogar von Allergikern toleriert wird.

Tieren ist es egal, ob man glücklich oder traurig ist, arm oder reich, dick oder dünn - sie nehmen einen bedingungslos an. Sie kommen bei Menschen jeder Hautfarbe, Religionszugehörigkeit und sexuellen Neigung an. Aus diesem Grund liebe ich auch das Land Kenia so, wo man majestätische Elefanten, anmutige Giraffen und kraftstrotzende Flusspferde und Wasserbüffel bewundern kann. Alle Geschöpfe Gottes, ob groß oder klein, tragen mit zu einem besseren, ökologisch sicheren Leben bei (für die Zeit, die uns noch bleibt, sollte ich hinzufügen, da wir die Tiere in rasendem Tempo ausrotten und unsere schönen Bäume in beängstigendem Ausmaß abholzen. Es ist, als hätte Gott uns einen Garten Eden geschenkt, den wir zu einer kommerziellen Müllhalde verkommen lassen ...).

All unsere Haustiere lehren uns Gottes bedingungslose Liebe, und Er sorgt dafür, dass sie im Jenseits auf uns warten. Gibt es etwas Schöneres?

## Unsere außerirdischen Helfer

Eine ganz besondere, mit nichts zu vergleichende Beziehung ist die zu unseren Geistführern. Das weiß ich sowohl aus persönlicher Erfahrung als auch aus Gesprächen mit Tausenden von Menschen, die mit ihren Geistwesen kommunizieren. Sie geben die Impulse, die uns den richtigen Weg weisen, und senden uns regelmäßig Botschaften.

Francine, meine wichtigste Geistführerin, ist seit jeher bei mir. Das erste Mal "hörte" ich sie mit sieben, und es ist erstaunlich, wie viele Menschen sie bei meinen Readings oder öffentlichen Auftritten gesehen und beschrieben haben, noch lange bevor etwas über sie veröffentlicht wurde. Wenn sie sich während einer Trance-Rückführung zeigt, haben schon Hunderte Menschen bemerkt, wie ich mit der Zeit ihre Züge annehme - meine Augenschlitze werden enger, die Augen dunkler, mein Nasenrücken verbreitert sich, und ich höre auf zu lispeln. Natürlich benutzt sie meinen Körper und meinen Kehlkopf, aber ihr Duktus ist völlig anders. Mehrere Menschen haben auch Raheim, meinen zweiten Geistführer, gesehen, der viel später zu mir kam. Mit ihm läuft die Kommunikation nicht über Clairaudience (Hellhören) wie mit Francine; vielmehr kommt er im Trancezustand in meinen Körper und übermittelt mir viele historische und theologische Informationen.

Ihr eigener Geistführer steht auf der Reise durchs Leben geduldig an Ihrer Seite. Seine Hilfe gewährt er, indem man ihn ausreichend würdigt und mit ihm spricht. Wenn Sie ihm eine Frage stellen, seien Sie innerlich ruhig und halten Sie sich an die erste Antwort, die kommt. Ich weiß, wie schwer das unter Umständen ist, weil wir gelernt haben, dem ersten Eindruck zu misstrauen, aber in neun von zehn Fällen ist die erste auch die hellseherisch "korrekte" Antwort. Danken Sie Ihrem Geistführer, und vergewissern Sie ihn Ihrer Liebe dafür, dass er Sie auf Schritt und Tritt begleitet - auch im Jenseits.

❋ ❋ ❋

Je mehr wir mit unseren Geistführern und Engeln, mit Gott und sogar mit lieben Verstorbenen reden, desto eher wird der Zweifel weichen; und wenn wir entsprechend überzeugt sind, suchen uns diese Wesenheiten auch eher auf, um uns zu helfen. Sie helfen uns ohnehin, aber unsere Überzeugung klärt die Kommunikationswege und macht sie effizienter. Ob sichtbar oder unsichtbar, diese Freunde zählen zu den Lieben unseres Lebens, und sie beschützen uns.

Mit 26 lag ich auf der Intensivstation, und die Ärzte wussten nicht, ob ich durchkommen würde. Ich war so weit bei Bewusstsein, dass ich mich daran erinnere, wie sich die Tür öffnete und plötzlich meine verstorbene Großmutter neben mir stand; sie hielt meine Hand und sagte, ich würde wieder gesund werden. Vielleicht denken Sie jetzt, ich hätte Beruhigungsmittel bekommen, aber ich war hellwach. Wie schon gesagt, ich vertrage Medikamente nicht gut (was jeder Arzt, der mich behandelt hat, bestätigen wird); ich hatte also keine Beruhigungsmittel bekommen. Großmutter Ada war wahrhaftig da, als ich sie brauchte.

Alle geliebten Seelen im Jenseits sind immer noch bei uns. Sie kommunizieren über Träume, Blitzlichter, läutende Telefone, fallen gelassene Geldmünzen, Vögel und Schmetterlinge, wandernde Gegenstände und zig andere Vorgänge mit uns, die wir oft als "Zufall" verbuchen (dabei gibt es im Leben keine Zufälle, weil im Lebensentwurf bereits alles festgehalten ist).

Und dann wären da noch die Engel, die immer ruhig ausharren, aber ausgesprochen aktiv sein können, wenn sie gebraucht werden. Es gibt unzählige Fälle, in denen Menschen in Not von "Fremden" geholfen wurde, und als die Geretteten sich umdrehten, um ihren Rettern zu danken, waren diese fort. Es sind Engel, die in menschlicher Hülle für kurze Zeit auf der Erde sind, um Trost zu spenden. Engel sind eindeutig die unbesungenen Helden dieses Lebens; geben Sie Ihnen also einen Wink, richten Sie ein liebevolles Wort an sie oder zeigen Sie ihnen Ihre Wertschätzung. Sie müssen es nicht tun, da Engel glücklich und zufrieden ihre Arbeit machen, aber Sie selbst werden sich dann besser fühlen.

KAPITEL 6

# Wir selbst

Es wird Sie vielleicht erstaunen, welcher Beziehung ich mich als Nächstes zuwende, denn wir denken nicht oft über sie nach: Es ist die Beziehung zu uns selbst.

Sind Sie mit sich selbst befreundet? Mögen Sie sich vielleicht sogar? Wenn die Antwort darauf ja lautet, geht es Ihnen gut. Wenn Sie zögern, keine Antwort haben oder diese nein lautet, sollten Sie sich mit der Tatsache beschäftigen, dass der spirituelle, emotionale und sogar physische Umgang mit sich selbst lebenswichtig ist.

Man hat uns beigebracht, dass wir uns selbst nicht lieben sollen, denn das gilt als selbstsüchtig. Das ist es aber nicht (es sei denn, jeder andere Mensch bliebe von unserer Liebe ausgeschlossen). Wir *müssen* uns vielmehr selbst lieben. Tatsächlich glaube ich, dass wir unsere wahre spirituelle Reife nicht erreichen, solange uns die Gesellschaft mit uns selbst keine Freude bereitet. In unserer lauten, stressigen Welt brauchen wir die Auszeit mit uns selbst mehr denn je.

Eine Freundin von mir kann keine Sekunde lang allein sein; bei ihr gehen also immer Leute ein und aus, ständig läutet das Telefon, sie hat permanent Gäste. Damit keine Missverständnisse aufkommen: Als meine Söhne noch zu Hause waren, ging es bei uns zu wie im Taubenschlag, aber selbst da konnte ich mich in mein Zimmer zurückziehen, Musik hören, nähen oder in aller Stille nachdenken oder beten. Natürlich mag ich mich, aber um dahin zu kommen, musste ich danach streben, so zu sein, wie ich nach Gottes Vorstellung sein soll. Wenn Sie also in diesem Leben das Bestmögliche tun, Liebe und Freundlichkeit ausstrahlen und nie absichtlich jemanden verletzen, dann haben Sie allen Grund, sich selbst zu lieben und zu mögen. Und dann sind Sie auch fähig, andere zu lieben.

Sie müssen sich der Angst stellen, die einen beschleicht, wenn man herauszufinden versucht, wer man ist; Sie können sich nicht einfach hinter einer Mauer aus Schuld- und mangelndem Selbstwertgefühl verschanzen. Der erste Schritt ist der Blick auf die seelischen Probleme. In der Regel sind es gefährliche Muster, die sich ständig wiederholen, zum Beispiel wenn man andere verurteilt oder von ihnen verlangt, das zu tun, was man selbst für richtig hält. Wenn Sie ständig den Stab über andere brechen, werden Sie nie Zeit haben, sich selbst kennen zu lernen - und erst recht nicht, sich zu lieben. Die Überwindung zerstörerischer Muster kann also den Prozess des persönlichen Wachstums und der Selbstliebe in Gang setzen.

Sie müssen sich dem Leben auch direkt stellen und dürfen nicht vor den Bergen zurückschrecken, vor denen man mitunter steht, denn aus jeder Herausforderung, die Sie bewältigen, gehen Sie gestärkt hervor. Und Sie entwickeln ein Bewusstsein für Ihre Stärken, wodurch Ihre Schwächen gemildert werden.

Apropos Schwächen: Es kann sehr hilfreich sein zu entdecken, in welchen Punkten man vielleicht nicht ganz so gut abschneidet. Das ist natürlich nicht angenehm. Fragen wie "Bin ich zu sehr mit mir selbst oder meinen Schuldgefühlen beschäftigt?" oder: "Bin ich zu perfektionistisch - vielleicht auch in meinen Erwartungen an andere?" können unbequem sein, aber die Antworten darauf können helfen, die dicke Schicht an Verhaltensmustern abzutragen, die Ihre Seele daran hindern zu reifen.

Fragen Sie sich auch, was Sie vom Leben erwarten und welche der Ziele, die Sie sich gesetzt haben, Ihnen helfen, Ihren Fokus zu halten. Wenn Sie keine Ziele haben, seien es große oder kleine, fühlen Sie sich unnütz - wie ein Schiff ohne Steuer. Wenn Sie aber ein Ziel vor Augen haben, handeln Sie auch entsprechend.

Mögliche Fallen wie "Ich kann das nicht, weil ich zu schwach (ängstlich, alt, jung ... ) bin" kenne ich nur allzu gut. Auch wenn Ihr Lebensentwurf feststeht und Ihre Seele weiß, was sie braucht, können ein negatives Umfeld oder bestimmte Programmierungen verdecken, wer Sie wirklich sind: eine von Gott geschaffene, einzigartige Wesenheit, die sich von allen anderen Wesenheiten des Universums unterscheidet. Allein mit diesem Wissen können Sie all die schweren, belastenden Hüllen ablegen und Ihre Seele befreien. Am wichtigsten ist jedoch, dass Sie an sich glauben und darauf vertrauen, aus sich selbst heraus selbst schwere Zeiten meistern zu können.

❋ ❋ ❋

Kommen wir jetzt zu der Beziehung zu unserem Körper. Ich stelle mir unsere körperliche Hülle gern als Fahrzeug vor, das, wenn wir es zu stark beanspruchen und ihm nie den geeigneten Kraftstoff geben und nie Öl, Keilriemen oder Zündkerzen erneuern, irgendwann ausfällt.

Ich glaube auch, dass unsere Körper Tempel sind, die Gott uns geschenkt hat. Natürlich sollten wir nicht übertreiben. Ich halte es mit den Griechen: alles in Maßen. Jede Art von Fanatismus, sei es in der Religion, bei der Gesundheit oder in der Politik, macht mich nervös. Vernünftig sind gesundes Essen, moderates Training und mäßiger Alkoholgenuss (wobei ich selbst überhaupt keinen Alkohol trinke, weil ich ihn nicht vertrage). Von Freizeitdrogen, zu vielen Süßigkeiten, vom Kettenrauchen und übermäßigem Tablettenkonsum (nach dem Motto: "So viel, wie ich mir verschreiben lassen kann"), würde ich dagegen abraten. Natürlich benötigt man hin und wieder Medikamente, aber man sollte umsichtig und respektvoll mit seinem Körper umgehen. Wenn Sie sich daran halten, werden Sie weder deprimiert noch müde oder launisch sein, und Ihr "Fahrzeug" wird Sie auf Jahre hinaus stilvoll befördern.

## Die Dinge um uns herum

Möglicherweise halten Sie sie für leblos und das Ganze für etwas sonderbar, aber wir haben zu allem, was uns im Leben umgibt, eine Art Beziehung. Bücher sind beispielsweise ein wichtiger Teil meines Lebens. Meine Großmutter schaffte es in Deutschland nur bis zur 8. Klasse, aber ihr Vater hatte eine Bibliothek, die alle vier Wände seines Arbeitszimmers einnahm. Meine Großmutter erzählte mir, wie sie mit dem ersten Buch begann und sich bis zum letzten vorarbeitete. Tatsächlich war sie der belesenste Mensch, den ich kenne, was Literatur, Politik, Theologie und Soziologie angeht; von ihr habe ich meine Wissbegierde. Sie sagte immer, Bücher seien unsere Freunde, und so ist es auch.

Lesen bildet nicht nur, sondern inspiriert uns auf ganz vielfältige Weise. Vielleicht trauen Sie sich etwas zu, wovon Sie in einem Buch gelesen haben. Aus diesem Grund gefallen mir Autobiografien und Geschichtsbücher auch so gut, wobei die Theologie bei mir an erster Stelle steht.

Die Bibel ist auf so unterschiedliche Weise ausgelegt worden - es gibt unzählige Ausgaben von Mönchen und Theologen -, dass man sich ein eigenes Bild machen muss. Ich empfehle jedem die Nag-Hammadi-Schriften und die Qumran-Rollen, weil sie unverfälscht sind. Vertiefen Sie sich ruhig auch in die heiligen

Bücher anderer Religionen, wie etwa den Koran oder die Bhagavad-Gita, und sei es auch nur, um das eigene Wissen und die eigene Perspektive in Glaubensdingen zu erweitern. Finden Sie heraus, was Ihnen am meisten zusagt, und lassen Sie alles andere getrost außer Acht.

Wie sieht es mit anderen Kommunikationsmitteln aus, wie Zeitungen, Rundfunk, Film oder auch Fernsehen? All diese Medien können unsere Beziehung zur Welt um uns herum erweitern und besser informierte sowie interessiertere Menschen aus uns machen. Ohne mich aufspielen zu wollen, aber mir sind informative und anspruchsvolle Sendungen am liebsten, wie man sie zum Beispiel auf Discovery, A&E, dem Geschichtssender oder TLC sehen kann. Und bei Spielfilmen sehe ich am liebsten Verfilmungen der Lebensgeschichte berühmter Persönlichkeiten, wie Mahatma Gandhi und Queen Elizabeth (auch *Braveheart* zählt zu meinen Lieblingsfilmen), Komödien und leichte Unterhaltung.

Vieles heutzutage halte ich für techniklastig und mangelhaft in der Substanz. Wir bekommen auch nur selten Filme mit Tiefgang und Vorbildcharakter zu sehen: Alles dreht sich um Special Effects. Ich habe *Matrix* genossen, aber wirklich nicht verstanden, warum es dieser technischen Pirouetten bedurfte, um Gut und Böse darzustellen. Ich will nicht nur auf schwere Kost verweisen, aber Taylor Caldwells *Dialogues with the devil* und *Daniel Webster und die Seeschlange* von Steven Vincent Benét sind zwei Bücher, die jedem Film zu dem Thema haushoch überlegen sind.

❋ ❋ ❋

Um noch einmal auf materielle Dinge zurückzukommen: Ich habe viele Menschen erlebt, die tatsächlich eine Beziehung dazu hatten - zu Häusern, Autos, Kleidung, die ihr Ein und Alles waren und damit reiner Selbstzweck. Wenn aber x-beliebige Dinge übermäßig wichtig werden, bleibt die Seele auf der Strecke.

Alles im Leben verändert sich und ist im Fluss; Juwelen, Sportwagen und Villen sind nur Leihgaben, wenn man genauer darüber nachdenkt. Auf die letzte Reise kann man nur mitnehmen, was man für Gott getan hat, und ich habe noch mit niemandem auf der "anderen" Seite gesprochen, der seine Aktien vermisst hätte.

Das heißt nicht, dass wir in bitterer Armut leben sollen, denn Geld ermöglicht uns ein angenehmes Leben und gibt uns die Freiheit, anderen zu helfen. Wie oft hat man mir schon gesagt: "Weißt du eigentlich, wie reich du wärst, wenn du nicht so viele Menschen unterstützen und dir nicht so viele Pflichten auferlegen würdest?" Ich kann nicht anders, die Freude zu helfen erfüllt mich mehr als jeder materielle Gewinn. Ich glaube daran, dass Gott sagt: "Wenn ihr für die Meinen sorgt, werde ich für euch sorgen."

Wichtig ist mir der kleine Blumengarten vor dem Zimmer, in dem ich meine Vorträge diktiere. Singende Vögel, blühende Blumen, das Bett mit den schönen Kissen, eine behagliche, warme Decke in einer kalten Nacht - alles Gaben Gottes, die wir nur allzu oft als selbstverständlich hinnehmen. Dankbarkeit ist die Schwester der Liebe, und wenn dieses Prinzip auch bei allen *Dingen* in Ihrem Leben gilt, werden Sie Ihrem spirituellen Lernprozess gerecht und sind auf dem richtigen Weg.

## Unsere Rituale

Es scheint vielleicht etwas weit hergeholt, aber wir haben auch zu unseren Ritualen eine Beziehung. Denken Sie nur an den normalen Ablauf vorm Zubettgehen: Sie legen Ihre Kleider ab, stellen ein Glas Wasser auf den Nachttisch, prüfen, ob die Tür abgesperrt und der Wecker gestellt ist. Oder beim Aufstehen: Sie duschen, trinken Kaffee, lesen Zeitung und so weiter. Vermutlich haben Sie sogar im Lebensmittelgeschäft Ihr Ritual und schreiten die Regale in einer bestimmten Reihenfolge ab.

Sie sehen, dass unsere Rituale uns ein Gefühl von Ordnung und Sicherheit geben; ohne sie geraten wir aus dem Gleichgewicht. Sie vermitteln uns auch ein Zusammengehörigkeitsgefühl, weil es um ein gemeinsames Ziel geht, sie werten Gewohnheiten auf und schaffen eine spirituelle Verbindung, vor allem, wenn sie im Familienverbund gelebt werden. Rituale sind eine großartige Sache, sofern sie nicht subversiv, kontrollierend oder okkult sind.

Die Menschheit hatte immer schon Rituale für ihre Götter, um böse Geister abzuwehren, weshalb ein religiöses Ritual auch ausgesprochen streng und sogar grausam sein kann. Ich bin keine Befürworterin ausgefeilter Rituale, aber ich kann nur jeden ermuntern, an ihnen teilzuhaben, sei es in der Kirche, in der Moschee, im Tempel oder in der Synagoge - auf einer Gebetsdecke oder auf einer gepolsterten Kniebank, Psalmen oder Lieder singend.

An Tagen, an denen ich Readings abhalte, bete ich morgens dafür, wirklich ein medialer Kanal zu sein, und hülle jeden in das weiße Licht des Heiligen Geistes, auch alle negativen Menschen, denen ich begegne (und ich rate Ihnen, das Gleiche zu tun!). Abends lasse ich rings um den Globus Lichtsäulen erstehen und bitte die Engel, mich, meine Familie, nahestehende Personen und überhaupt alle Menschen auf der Erde aufzusuchen. Wenn wir zu mehreren zusammenkommen und uns auf positive Rituale einlassen, schenken sie uns Gnade und heilsame Energie und machen die Welt zu einem besseren Ort.

## Besondere Orte

Kommen wir jetzt zu der Verbundenheit mit Orten, die wir besonders lieben. Ich finde alle Länder, die ich bereist habe, wunderbar, vor allem Griechenland, die Türkei und Ägypten. Etwas ganz Besonderes aber ist Kenia. Als ich bei meinem ersten Besuch aus dem Flugzeug stieg, fühlte ich mich sofort heimisch. Alles gefiel mir: die Läden, die Tiere, die Marktgerüche und die freundlichen, immer lächelnden Menschen.

Nach pantheistischem Glauben sind wir alle Teil der Natur, und Gott ist alles. Das glaube ich zum Teil auch; vielleicht hat nicht alles eine Seele, so wie Menschen und Tiere, aber alles ist ein Spiegel der Liebe Gottes.

Neulich habe ich zum Beispiel mit meiner Enkelin im Garten gesessen und mit ihr den Grillen gelauscht, den Duft von Pinien und Gras eingesogen und in die Sterne geguckt. In dem Augenblick war uns beiden klar, dass wir alle Teil der Schöpfung Gottes sind. Ich muss deshalb nicht jeden Baum umarmen, aber ich spüre, dass die Schönheit der Natur rings um uns das ist, womit Gott uns erfreuen will. In unserer atemlosen Gesellschaft nehmen wir uns nicht die Zeit, Sterne, Wolken, Bäume und Berge wahrzunehmen; und ich halte es eben nicht für abgedroschen, dass jeder Baum und jeder Grashalm ein Geschenk Gottes ist und liebevoll und umsichtig gepflegt werden sollte.

Wir haben diesen Planeten wahrlich nicht gut behandelt, und trotzdem können wir uns an ihm erfreuen. Ob es unsere Pflanzen oder unsere Haustiere sind, die Düfte und Blumen im Frühling, das raschelnde Laub im Herbst oder die frische Brise im Winter - all das gehört zur Schönheit von Gottes Schöpfung. Oft heißt es, man solle sich den Duft von Rosen nicht entgehen lassen, aber es gibt so viele Sinneseindrücke. Werden Sie für ein paar Minuten eins mit der Natur, denn sie ist ein Elixier für die Seele und stärkt Ihre Verbindung zu sich selbst und zu Gott.

KAPITEL 7

# Gott

Zu jeder Art von menschlichen Beziehungen findet man etliche Bücher und Filme, in denen die wichtigste Beziehung jedoch kaum vorkommt: nämlich die zu Gott.

Seit prähistorischen Zeiten wohnt allen Menschen eine Kraft inne, die sie bewundern, anbeten oder fürchten lässt, was größer ist als sie. Es stört mich nicht, wenn Menschen von sich behaupten, sie seien Atheisten, denn es wird immer etwas geben, das sie stärker verehren als das eigene Ich.

Wegen der Prüfungen und Schwierigkeiten, die unser Lebensentwurf vorsieht, kommen wir möglicherweise zu dem Schluss, wir seien Gott egal, was aber nicht stimmt. Er ist immer da und gibt uns mit seiner Liebe Halt. Als Seine Kinder, die ihren Lebensentwurf selbst verfasst haben, müssen wir allerdings auch bestimmte Dinge lernen und erfahren, denn nur so macht unsere Seele Fortschritte. Ich sage immer, dass Gott unsere Gebete sehr wohl erwidert; er sagt nur manchmal eben auch nein.

Ich lebe jeden Tag mit und für Gott und versuche, das auch jedem, der mir zuhört, zu vermitteln. Mit dem Glauben habe ich allerdings ein Problem. Immer ist vom Glauben die Rede: der Glaube an eine Beziehung, der Glaube an Gott oder Glaube als Synonym für Hoffnung; aber nichts ist weniger greifbar. Ob ich etwas weiß oder nur glaube, ist ein Riesenunterschied. Glaube beinhaltet immer die Last der Angst und des Sich-Irrens. Diese Last fällt beim Wissen weg, so dass alle Kraft in die eigene Spiritualität und die Hilfe für andere fließt.

Glaube und Hoffnung können die Angst schüren, man unterliege einem Irrtum, und diese Angst kann sich gegen einen selbst richten und die Spiritualität hemmen. Wissen dagegen beinhaltet auch Sicherheit und klingt nach einer Spiritualität, der keine Angst etwas anhaben kann. Wenn also Prediger oder religiöse Führer sagen, die Menschen würden in die Hölle kommen, wenn sie nicht dieses oder jenes tun, werden diejenigen, die nur ihren Glauben und die Hoffnung auf Gott haben, ihr Leben lang die Angst davor nicht mehr los. Wer aber *weiß*, weiß auch um den liebenden, barmherzigen Gott und würde keinen Menschen je zu Höllenfeuer und Verdammnis verurteilen.

Glaube allein bringt einen nicht weiter, denn Angst beherrscht die Gläubigen und beeinträchtigt sie in ihrer Spiritualität so sehr, dass sie in Bezug auf Andersgläubige mit der Zeit immer voreingenommener werden. Das liegt an der permanenten Angst, das eigene Glaubenssystem könne falsch sein. Wenn man dagegen *weiß*, hat man auch nicht das Bedürfnis, Recht zu haben, und die Seele kann sich darauf konzentrieren, Gutes zu tun und Gott zu lieben, statt ihn zu fürchten. Wenn Ihre Beziehung zu Gott in der Logik wurzelt und nicht im Glauben, der blind sein kann und von der Hoffnung lebt, sind Sie besser für das Leben und sämtliche Beziehungen gewappnet.

Wenn wir miteinander leben und spirituell eins werden, um anderen zu helfen, stärkt das unser Verhältnis zu Gott. Spiritualität ist pure Seelennahrung, nicht zu verwechseln mit Religion. Religion ist *Ausdruck* unserer Spiritualität, während diese uns innewohnt und uns bei all unserem Tun leitet. Das kürzlich bekannt gewordene, inakzeptable Verhalten von Mitgliedern des Klerus ist ein furchtbarer

Vertrauensbruch, aber es sollte Sie in Ihrer eigentlichen Spiritualität nicht beeinträchtigen.

Angehörigen der jüdischen Glaubensgemeinschaft gebührt unsere Hochachtung dafür, dass sie ihre Religion nicht nur an Feiertagen, sondern auch im Alltag praktizieren. Einzelne Glaubensmeinungen mag man ablehnen, aber das Verhältnis von Spiritualität, Religion und täglichen Handlungen kann als Vorbild für das eigene Leben dienen. Mit anderen Worten: Spiritualität sollte in jede Handlung einfließen.

Sie stellt sich aber nicht immer leicht ein, doch wenn Sie die Tür nur einen Spalt weit öffnen, strömt Gottes Liebe wie eine Sintflut der Wonne und Glückseligkeit herein. Wenn Gott in Ihrem Leben einen Platz hat, erleben Sie schon bald, dass alles Sinnlose, Vergebliche und Bedrückende sich verflüchtigt. Ob Sie den Lehren Buddhas, Mohammeds oder Jesus Christus' anhängen - oder woran Sie sonst glauben -, schon nach einer Woche wird es Ihnen besser gehen.

Außerdem empfehle ich Ihnen, Dinge zu visualisieren und beispielsweise Säulen aus Gottes Liebe auszusenden oder sich und geliebte Menschen mit dem weißen Licht des Heiligen Geistes zu umgeben. Bitten Sie Ihre Engel, Sie aufzusuchen und Ihnen Schutz und Liebe zu gewähren, rufen Sie Ihnen nahestehende Menschen an, die bereits im Jenseits sind, und sprechen Sie mit Ihrem Geistführer. Wenn Sie alle zu Ihrer Verfügung stehenden Werkzeuge nutzen, werden Wunder geschehen ...

Denken Sie schließlich immer daran, dass unsere Beziehung zu Gott in ihren vielen Facetten rein und von Dauer ist. Menschen können unstet sein und geraten mitunter auf Abwege, aber schreiben Sie solche unschönen Eigenschaften niemals Gott zu, denn sie liegen in unserer, nicht aber in seiner Natur.

## Persönliche Anmerkungen zur Spiritualität

Kürzlich sah ich abends eine Reportage über einen Massenprediger, der von seinen Anhängern Spendengelder in mehrstelliger Millionenhöhe eingetrieben hatte. Angeblich hatte er für Kinder und diverse Hilfsfonds einen kleinen Betrag gespendet, aber das war nicht viel im Vergleich zu der Summe, die er erhalten hatte. Wie es hieß, hatten er und seine Organisation 80 bis 100 Millionen Dollar eingenommen, von denen nicht einmal 500.000 Dollar für wohltätige Zwecke aufgewendet wurden. Die Ermittlungen hatten ergeben, dass dieser Mann sich dank seiner so genannten Heilungen einen aufwändigen Lebensstil leistete, wobei niemand von den "Geheilten" ein medizinisches Gutachten präsentieren konnte. Darauf angesprochen, warum er sich nicht äußern wolle, gab der Prediger an, Gott habe ihm davon abgeraten. Unter dem Vorwand, Gottes Stimme zu vernehmen, Geld von Leuten zu nehmen, das ist Unrecht. Vielleicht spricht Gott ja tatsächlich zu ihm, aber ich glaube nicht, dass er dazu raten würde, das Gespräch mit Journalisten zu verweigern.

Es stimmt mich traurig, dass Menschen mit derlei geldgierigen, okkulten Machenschaften, die im biblischen Gewand daherkommen, übers Ohr gehauen werden. Geld, das unter einem solchen Vorwand eingenommen wird, bringt demjenigen, der es an sich nimmt, nichts Gutes, denn es ist unrechtmäßig erworben. Die Beziehung zu Gott ist rein und nicht mit Geld aufzuwiegen. Natürlich brauchen meine und andere Gemeinden auch Geld, um tätig werden zu können, aber es ist schäbig, die Leute um ihr hart verdientes Geld zu prellen.

Scheinheiligkeit ist ein weit verbreitetes Phänomen in der Religion, und daran wird sich vermutlich auch nichts ändern, weil einige religiöse Protagonisten ihr selbst gemachtes Dogma nicht mit Gottes Liebe und Toleranz in Einklang bringen können. Leben und leben lassen ist der Schlüssel zur Toleranz: Man soll anderen ihren eigenen Glauben lassen und sie dennoch lieben.

Das erinnert mich an eine Predigt, die ich vor vielen Jahren bei Novus Spiritus hielt. Ich berichtete von der wunderbaren Seele einer liebevollen und sehr spirituellen Anhängerin (ohne deren Namen zu nennen). Als ich meinen Blick durch die Gemeinde schweifen ließ, sah ich lauter liebevolle, spirituell erfüllte Menschen. Und ich beschloss, die Anwesenden auf die Probe zu stellen. Am Ende meiner Predigt blickte ich also in dieses Meer wundervoller Gesichter und eröffnete den Anwesenden, dass es sich bei der erwähnten Anhängerin um eine Prostituierte handelte - und ich war gespannt auf die Reaktion. Es geschah etwas Wunderbares: Es kam keinerlei Ablehnung! Lächelnd dachte ich bei mir, dass unsere Gemeinde ihre Sache recht gut macht, und ich war mehr als stolz auf die Arbeit unserer Geistlichen. Ich will auf Folgendes hinaus: Wie die Leute aussehen, womit sie ihr Geld verdienen und woran sie glauben, das macht sie nicht automatisch zu guten oder schlechten Menschen. Gute, spirituelle Menschen gibt es in allen Größen und in jeder Gestalt, in allen Rassen, Ethnien und Religionen, überall auf der Welt. Wenn man Toleranz üben will, darf man nicht urteilen. Seien Sie also offen für die menschliche Vielfalt, denn Sie werden die Erfahrung machen, dass alle Menschen im Grunde gleich sind - und die meisten im Kern gut.

Wenn ich von jemandem angesprochen werde, der die Absicht hat, Geistlicher zu werden, betone ich, dass es sich nicht um einen Lebensstil handelt, der dann einsetzt, wenn man den Kragen anlegt, sondern um eine lebenslange Verpflichtung, die jede Facette des Wesens durchdringt. Sie müssen sich ganz der Hilfe und der Sorge um andere verschreiben und ihre Spiritualität als treibende Kraft ihrer Arbeit im göttlichen Sinn verwenden. Ihr ganzes Leben ist davon geprägt, denn jeder Tag ist der Hilfe anderer im Namen Gottes gewidmet.

In unserer Kirche sollen die Geistlichen keine Moralpredigten halten, sondern in erster Linie mit den Menschen über ihre Probleme reden. Es folgt eine Rede über gnostische Philosophie, wie Jesus sie gelehrt hat, und nicht, wie sie ausgelegt wurde. Dann sprechen wir ein Gebet, und im Anschluss daran fordern die Geistlichen dazu auf aufzustehen, wenn man Hilfe braucht (sofern man das wünscht) und um besondere Fürsprache zu bitten. In einem abschließenden Gebet bitten wir um Liebe und Fürsorge. Dann stehen die Geistlichen zur Verfügung, um zu beraten und zu heilen. Es ist eine Zusammenkunft innerhalb einer Gemeinschaft, die an dasselbe glaubt und den Lehren Christi sowie anderen gnostischen Schriften und Leitsätzen folgt. Wir ersticken unsere Beziehung zu Gott nicht in Glockengeläut und Pfeifentönen, was wir auch gar nicht könnten. Es erstaunt mich immer, dass die Menschen nicht erkennen, dass Gott unsere Herzen kennt und alles über uns weiß.

Ja, ich glaube an das Gebet, weil es uns Gnade bringt und Gott in unsere Herzen holt, aber ich möchte daran erinnern, dass die Überbringer der geistigen Botschaft früher sehr schlichte Gebete gesprochen haben; sie praktizierten das, was sie predigten, und gingen zu den Menschen. Christus hat nie eine Kirche gebaut, und Buddha nie einen Tempel. *Wir* sind die Tempel Gottes, und das ist alles, was wir brauchen.

Wissen Sie, dass wir Spiritualität zu Hause auf dem Schoß unserer Eltern gelernt haben? In vorchristlicher Zeit wurde Spiritualität im Kreis der Familie und in der Gemeinschaft praktiziert. Die Menschen versammelten sich um den Schamanen, den Hohepriester oder die Hohepriesterin, den weisen alten Mann oder die weise alte Frau - ein Zusammenschluss von Freunden, Familienangehörigen, Menschen, die sich nahestanden und mit Gott verbanden.

Dann wurden kühle Tempel aus weißem Marmor errichtet. Der Priester oder Geistliche wurde auf ein Podest gestellt, auch im übertragenen Sinn. Allen Übrigen wurde eine Nebenrolle zugewiesen, in der sie auf Stichwort auftraten. Die offiziellen Würdenträger legten andere Kleider an und wussten angeblich auch mehr, denn die Antwort auf viele Fragen lautete: "Das ist ein Geheimnis." Was natürlich auch den Eindruck erwecken konnte, sie wüssten doch nichts, aber warum? Oder sie wussten etwas, aber alle anderen waren zu dumm, um es zu begreifen. Der Ort, an dem wir einst ebenbürtig zusammenkamen, wurde zu einem kalten, manchmal verbotenen Raum, in dem wir anfingen, uns selbst und die anderen in Frage zu stellen. In den Familien wurde nicht mehr gemeinsam gebetet, unserem Glauben wurden die Wurzeln entzogen, und Spiritualität (was auch immer man darunter versteht) wurde durch einen unpersönlichen Priester, Rabbi oder sonstigen Geistlichen vermittelt, mit dem Ergebnis, dass wir alle sprichwörtlich in die Knie gingen.

Ich habe meinen Söhnen immer Spiritualität vermittelt. Es machte mir nichts aus, wenn sie die Glaubenssätze nicht akzeptierten; ich ging davon aus, dass sie das Richtige finden würden, sobald der Wunsch danach da wäre. Sie wuchsen mit meiner Philosophie und meinen Vorstellungen auf - mit dem weißen Licht des Heiligen Geistes, den Engeln und Geistwesen, dem liebenden Gott und so weiter -, und sie hörten von klein auf meine Lesungen. Obwohl ich glaube, dass nicht viel davon in ihr Bewusstsein gedrungen ist, vernehme ich heute oft meine eigenen Worte aus dem Mund eines meiner Söhne. Und es ist nicht nachgeplappert - ich kann versichern, dass die beiden immer ihren eigenen Weg verfolgt haben. Aber wie sagte mein ältester Sohn Paul so treffend: “Mama, ich gebe das weiter, was du uns beigebracht hast, weil es logisch ist.” Um dann fortzufahren: “Und wenn es nicht so wäre, würde ich dich bloß für verrückt halten und trotzdem lieben.” Woraufhin ich nur noch sagte: “Danke ... für das Kompliment.”

Wenn ich auf diesen groß gewachsenen Mann mit den schönen Augen blicke, der auch mein Freund, Bodyguard und Manager ist, der Veranstaltungen koordiniert, Lesereisen organisiert und alle Termine abstimmt, merke ich immer, wie glücklich ich mich schätzen kann! Und dann sehe ich zu meinem zweiten Sohn hinüber, der ebenfalls mein Freund ist und das Gleiche tut wie ich, und fühle mich doppelt beschenkt.

Ich habe die Erfahrung gemacht, dass sich Menschen mit einem starken Glauben an Gott leichter tun. Gott ist die Grundlage unseres

Daseins und unser Trost in schweren Zeiten, und was auch geschieht: Er ist immer für uns da.

Gemeinsam mit den Angehörigen meiner Kirche bin ich der festen Überzeugung, dass anderen zu helfen die Grundlage für die größte spirituelle Liebesbeziehung ist, die es geben kann. Und diese Hilfe muss nicht erwidert werden (obwohl das sehr wohl geschieht); allein die Tatsache, dass wir etwas für andere tun, öffnet unser Herz und unsere Seele und preist Gott. Und sei es nur, dass Sie sich gegenseitig weißes Licht spenden, jemanden mit dem Satz "Gott sei mit dir" segnen oder die Engel anrufen, damit sie über Ihren Lebensgefährten oder Ihre Lebensgefährtin wachen, so schaffen Sie ein solides Fundament für Ihre Beziehung zu Gott. Schon wenige Worte oder Taten bewirken mehr, als man denkt.

Warum also nicht einen Gebetskreis für die Familie und nahestehende Menschen gründen - einmal die Woche? Man kommt zusammen, zündet eine Kerze an, formuliert eine Bitte und betet dafür, dass Schwierigkeiten überwunden und Menschen geheilt werden. So entsteht Verbundenheit. Lassen Sie die Kinder ruhig erst einmal murren; Sie werden die Erfahrung machen, dass sich auch Teenager schon nach kurzer Zeit darauf einlassen und berichten, was sie an Verletzungen und Ungerechtigkeiten erleben. Vielleicht würden sie sich sonst nicht mitteilen, doch weil es in diesem Kreis alle tun, kommt es ihnen weniger komisch vor. Und Sie erfahren bei der Gelegenheit, was Ihre Kinder bewegt - eine Win-win-Situation!

Sie müssen keinen vierstündigen Gebets- oder Meditationsmarathon absolvieren; kurz und gut ist genau richtig, lang und langweilig wäre dagegen eine Strafe. Und denken Sie daran: Gott weiß, was Sie brauchen und sich wünschen, aber durch Gebete rücken wir näher zusammen und erheben unsere Herzen zu Gott.

Früher sprachen die Menschen ein Tischgebet, und Kinder beteten vor dem Schlafengehen mit ihren Eltern. In der heutigen hektischen Zeit ist das nicht mehr so. Was ist aus dem kurzen "Gott segne meine Familie" geworden oder aus der kurzen, persönlichen Bitte, und sei es: "Hilf mir, dass ich morgen ein gutes Diktat schreibe!"? Es sind nur ein paar Minuten Ihrer Zeit, in denen die ganze Familie ihre Verbindung zu Gott stärkt. Und wer früh sät, wird ein Leben lang ernten. Meine Söhne sind bis heute in einer eigenen Gebetsgruppe, zünden Kerzen an und tragen ihre Fürbitten vor.

Diese spirituellen Instrumente fördern die Hilfe untereinander, auch wenn unser Lebensentwurf feststeht, und sie stärken die Beziehungen, die uns am allerwichtigsten sind.

# Teil II

# Wie prägend sind unsere Lebensthemen?

KAPITEL 8

# Ein kurzer Überblick über die 47 Lebensthemen

Lebensthemen sind quasi Kurse, die wir auswählen, bevor unser Dasein im Diesseits beginnt, eine Art Haupt- und Nebenfach. Und als solche bilden sie einen Schwerpunkt dieses Buches, denn sie sind mit ausschlaggebend für den Erfolg oder das Scheitern jeder Beziehung.

Manchmal passen Ihre Lebensthemen gut zu denen Ihrer Mitmenschen; in anderen Fällen liegen sie im Widerstreit. Wenn Sie Medizin studieren, um Ärztin zu werden, brauchen Sie jemanden, der Sie auf dem Weg dahin ausreichend unterstützt. Jemand, der ausschließlich an sich denkt, wird nicht verstehen, warum Sie andere Menschen heilen wollen, warum Sie dem so viel Zeit widmen und welche Anforderungen an Sie gestellt werden. Dadurch gerät das Beziehungsgefüge ins Wanken. Das heißt nicht, dass Sie es mit jemandem, der Sie fordert, nicht schaffen; der Prozess wird Ihnen in jedem Fall helfen, sich selbst und Ihren Lebensentwurf besser zu verstehen.

Zwar habe ich die Lebensthemen in meinen vorherigen Büchern *Berichte eines Mediums aus der geistigen Welt* und *Soul's Perfection* ausführlich beschrieben, aber nicht unter dem Aspekt der Beziehung.

Auch hielt ich es für sinnvoll, sie noch einmal aufzugreifen, um sie im Anschluss zu vertiefen.

## Die 47 Lebensthemen

1. **Problemlöser.** Hier liegt der Fokus darauf, Aufgaben zu erfüllen, an denen andere gescheitert sind. Das kann wahrhaft gewaltige und auch sklavische Ausmaße annehmen, aber im Mittelpunkt steht der Anspruch, das Richtige zu tun, um eine Sache zu meistern. Die Problemlöser, oft auch als Aktivisten bezeichnet, sind die Tausendsassas der Welt, die den Misserfolg zum Erfolg wenden. Natürlich sind diese Seelen sehr gefragt und können sich daher auch leicht verausgaben. Sie sollten sehr genau darauf achten, ihre Energie nur auf Aufgaben zu verwenden, die wirklich die Möglichkeit einer positiven Veränderung in sich bergen.

2. **Ästheten.** In diese Kategorie fallen Musiker, Schauspieler, Maler, Bildhauer und Schriftsteller. Ein ästhetisches Thema ist nicht zu verwechseln mit der Schwärmerei für eine dieser Richtungen; vielmehr wird die Seele, wenn ein ästhetisches Thema wirksam ist, von ihrem angeborenen Talent getrieben. Das Bedürfnis, einer schöpferischen Tätigkeit nachzugehen, zeigt sich schon in jungen Jahren und bleibt ein Leben lang prägend. Wenn es sich mit dem zweiten Thema gut ergänzt, steht demjenigen eine erfolgreiche Laufbahn bevor. Wenn nicht, kann jede Bestärkung oder Förderung tragische Folgen haben. Das qualvolle Leben Vincent van Goghs steht für den Fall eines widerstreitenden zweiten Themas.

3. **Analytiker.** Der stets prüfende Blick der Analytiker macht uns mit jedem Gegenstand bis ins Detail vertraut, denn sie wollen er-

gründen, warum und auf welche Weise er funktioniert. Analytiker befürchten immer, dass etwas versäumt oder übersehen werden könnte, so dass sie in einem wissenschaftlichen oder hochtechnisierten Umfeld, wo ihre Fähigkeiten unverzichtbar sind, zur Hochform auflaufen. In Alltagssituationen besteht die Herausforderung für sie darin, loszulassen und ihren Gefühlen zu vertrauen. Wenn Analytiker das Verhalten ihrer Mitmenschen unter die Lupe nehmen, sollten sie den Heiligen Geist um Erleuchtung bitten, um im Anschluss das für sie Evidente auf eine andere Ebene zu holen.

4. **Bannerträger.** Der Oberleutnant der *Kämpfer für die Sache* mahnt, demonstriert oder betreibt Lobbyarbeit; er kämpft auch gegen Ungerechtigkeit. Für die Vervollkommnung dieses Themas sind Mäßigung, Takt und Unterscheidungsvermögen der Schlüssel. Diese Menschen sollten eine Sache konzentriert verfolgen, denn sie laufen Gefahr, sich zu verzetteln.

5. **Drahtzieher.** Sie sind die Eckpfeiler der Gesellschaft, die unbesungenen Helden und Heldinnen in Kriegen, daheim und in Organisationen. Gute Eltern sind oft Drahtzieher, die ihre Kinder befähigen, über sich hinauszuwachsen. Ohne sie läuft es in der Gesellschaft nicht rund; dabei bekommen sie nur selten Anerkennung für das, was durch sie erst möglich wird. Sie müssen sich stets vor Augen halten, dass sie auf dieser Stufe des Daseins nicht unbedingt Lorbeeren ernten, auch wenn diejenigen, die auf Erden den Beifall einheimsen, oft längst nicht so schnell und versiert sind wie sie.

6. **Kümmerer.** Wie der Name schon sagt, kümmern sich diese Menschen um andere und haben in der Regel auch Freude daran. Unsere Hausangestellte Rosie zum Beispiel kümmerte sich um den Haushalt, brachte mich zur Schule, als ich noch klein war, und lebte glücklich und zufrieden im Kreis unserer Familie, bis sie starb.

Zwischenzeitlich war sie auch verheiratet, aber ihr Mann starb im Zweiten Weltkrieg. Sie hing besonders an meiner Großmutter und kam auf diese Weise auch zu uns.

7. **Katalysatoren.** Katalysatoren sind die Netzwerker und Erneuerer, diejenigen, die etwas bewegen. Sie sind die Klassenstars, die von allen angehimmelt und auf jede Party eingeladen werden. Katalysatoren sind wegen ihrer Innovationen unentbehrlich für die Gesellschaft (Ralph Nader ist ein Paradebeispiel), verfügen normalerweise über grenzenlose Energie und blühen unter Stress regelrecht auf. Sie brauchen allerdings eine Bühne, auf der sie agieren können, da sie sonst unter Umständen übellaunig und kontraproduktiv sind.

8. **Kämpfer für die Sache.** Es gibt unendlich viele Einsatzgebiete - Frieden, Wale, Hunger und so weiter -, und ein Kämpfer für die Sache wird sich entweder von schon existierenden Kämpfern angezogen fühlen oder weitere schaffen. Diese Seelen erfüllen eine wichtige Funktion, denn sie machen sich zum Fürsprecher anderer, die vielleicht so sehr mit eigenen Themen beschäftigt sind, dass sie sich nicht für soziale Belange einsetzen. Kämpfer für die Sache neigen zu Impulsivität, wodurch sie sich und andere gefährden können. Sie sollten unbedingt darüber nachdenken, ob die Sache selbst vielleicht zweitrangig ist und dem eigenen Engagement womöglich nicht das Wasser reichen kann.

9. **Herrscher.** Worin für diese Menschen die Herausforderung besteht, liegt auf der Hand. Napoleon und Hitler waren im denkbar schlechtesten Sinn Beispiele für dieses Thema. Herrscher fühlen sich nicht nur veranlasst, den Laden zu schmeißen, sondern wollen anderen auch bis ins letzte Detail vorschreiben, wie sie ihr Leben zu leben haben. Zur eigenen Vervollkommnung müssen diese Menschen Selbstkontrolle und Zurückhaltung üben.

10. **Gefühlsmenschen.** Menschen diesen Typs erleben euphorische Höhen und verheerende Tiefen - und sämtliche Stufen dazwischen. Emotionalität ist oft ein untergeordnetes Thema von Dichtern und Künstlern und fördert tatsächlich die Kreativität, ist aber auch mit eine ernsthafte Herausforderung. Entscheidend ist ein Bewusstsein dafür, dass solche Gefühlslagen nach einem Ausgleich verlangen, etwa in Form rationaler Selbstbeherrschung.

11. **Hansdampf in allen Gassen.** Er kann sich vom Blumenkind über den Bankdirektor zum Weltenbummler entwickeln, der im selbst gezimmerten Boot unterwegs ist. Diese Menschen versuchen sich auf fast jedem Gebiet und meistern auch vieles von dem, was sie in Angriff nehmen. Wohlstand ist nur ein Nebenprodukt ihrer facettenreichen Unterfangen (Howard Hughes ist ein berühmtes Beispiel). Ein Hansdampf muss bei guter Gesundheit sein und sollte sich mit Exzessen folglich zurückhalten.

12. **Unzulänglichkeit.** Menschen mit diesem Thema sind anscheinend immer zur falschen Zeit am falschen Ort, denn sie sind mit einem physischen, geistigen oder emotionalen Handikap auf diese Welt gekommen. Helen Keller, die als Kind aufgrund einer Fiebererkrankung taub und blind wurde, ist ein ausgezeichnetes Beispiel hierfür - ihr Triumph über diese so genannten Hindernisse sollte jedem ein Ansporn sein. Für Menschen mit diesem Thema ist es wichtig, sich daran zu erinnern, dass sie diesen Weg gewählt haben, um ein Beispiel zu geben.

13. **Anhänger.** Ursprünglich wären Anhänger vielleicht lieber Führer gewesen, doch haben sie irgendwann den dafür nötigen Einsatz verweigert. Für sie ist es entscheidend zu erkennen, wie wichtig sie sind, da es ohne sie auch keine Führerschaft gibt. Zur Vollkommenheit gelangt man, indem man sein selbst gewähltes

Thema annimmt und den Führer bestmöglich unterstützt. Aber auch dafür ist Unterscheidungsvermögen nötig, denn man sollte genau wissen, wem man warum folgt.

14. **Harmonieliebende.** Für Menschen mit dem Thema "Harmonie" ist Ausgewogenheit das oberste Gebot, und sie werden sich mit allen Kräften dafür stark machen. Bis zu einem gewissen Grad verdient ihre Opferbereitschaft Bewunderung, aber die echte Herausforderung liegt für sie darin, das Leben mit allen Ecken und Kanten anzunehmen. Was man nicht ändern kann, muss man in sein Leben integrieren und annehmen.

15. **Heiler.** Heiler fühlen sich körperlich oder geistig zu den helfenden Berufen hingezogen. Sie tun das offenkundig Gute, und die einzige Gefahr besteht darin, dass sie zu mitfühlend sind. Sie müssen unbedingt mit ihren Kräften haushalten, um einen Zustand totaler Erschöpfung zu vermeiden.

16. **Menschenfreunde.** Während *Kämpfer für die Sache* und *Bannerträger* das gegen die Menschheit begangene Unrecht hinausschreien, verweist das Thema der Menschenfreunde unmittelbar auf die Ebene des Handelns. Menschenfreunde sind zu beschäftigt, als dass sie protestieren könnten. Dieser Menschentypus ist nicht durchweg mit dem Begriff des Bösen vertraut; vielmehr besteht die Neigung, andere für ihre Fehler zu entschuldigen. Weil Menschenfreunde nicht nur Familienangehörigen und Freunden helfen, sondern weit darüber hinaus jedem, der sie anrührt, laufen sie Gefahr, sich selbst zu überfordern. Ihre Herausforderung besteht darin, körperliche Verausgabung zu vermeiden, indem sie gut für sich selbst sorgen.

17. **Sonntagskinder.** In dieser Kategorie ist man reich geboren, attraktiv, geistreich und so weiter. Wenn wir allerdings davon ausgehen,

dass es in jedem Leben überall auf der Welt um Vervollkommnung geht, stellen wir fest, dass dieses Thema zu den schwierigsten überhaupt gehört. Oft besteht eine Neigung zu Exzessen jeder Art, als wollte der- oder diejenige das Schicksal herausfordern. Eigenartigerweise ist mangelndes Selbstwertgefühl hier oft ein weiteres Kennzeichen; es ist die Angst, nicht als Mensch wertgeschätzt zu werden. Das Ziel ist tatsächlich, das Thema anzunehmen und damit zu leben.

18. **Intellektuelle.** Intellektualität ist das Thema des ewigen Studenten. Charles Darwin, der sich sein Wissen durch intensives Studium erwarb, um Versuche durchzuführen, Hypothesen aufzustellen und diese letztlich auch zu veröffentlichen, ist ein hervorragendes Beispiel für jemanden, der das Thema vervollkommnet hat. Da es bei Intellektuellen jedoch oft um Wissen um des Wissens willen geht, besteht die Gefahr, dass die hart erarbeiteten Informationen ungenutzt bleiben.

19. **Defätisten.** Als notorische Besserwisser sind Defätisten wichtig für die Vervollkommnung anderer, denn in ihrer Gegenwart müssen wir uns in Geduld und Toleranz üben. Ihren angeborenen Pessimismus darf man nicht für bare Münze nehmen, aber wir sollten auch nicht über sie richten, sondern daran denken, dass Defätisten an ihren Themen arbeiten, damit wir uns unseren eigenen zuwenden.

20. **Gerechtigkeitsliebende.** Viele der Gründungsväter Amerikas, denen es ganz unmittelbar um Fairness und Gleichberechtigung ging, sind Beispiele für das Thema der Gerechtigkeitsliebe als praktisches Phänomen. Das gilt beispielsweise auch für Menschen, die sich nach Unfällen oder Verbrechen eifrig als Zeugen melden. So bewundernswert das auch klingt, so müssen diese Seelen jedoch unbedingt darauf achten, dass bei ihren Entscheidungen Diskretion und Gottesbezug gewahrt sind.

21. **Gesetzeswahrer.** Für Menschen aus dieser Kategorie, die fast besessen den Gedanken der Rechtstreue verfolgen, ist eine juristische Tätigkeit naheliegend; viele sind auch in Gremien wie Verwaltungsräten vertreten. Mit der entsprechenden Haltung schaffen Menschen mit diesem Thema mehr Sicherheit und Ausgleich in der Welt, aber sie müssen immer auf der Hut sein, dass sie bei der Ausübung ihrer Macht nicht eigennützig handeln.

22. **Führer.** Menschen mit diesem Thema sind selbstbeherrscht, überlegt und nur selten innovativ; sie übernehmen Leitungsfunktionen auf Gebieten, die schon weitgehend abgesteckt sind. Ihnen geht es eher um Erfolg als um Kreativität, und die Herausforderung liegt für sie darin, keinem "Machtrausch" zu erliegen.

23. **Einzelgänger.** Obwohl sie oft eine Vorreiterrolle in der Gesellschaft spielen, suchen sich Einzelgänger immer Beschäftigungen, bei denen sie relativ allein dastehen (dies ist auch ein untergeordnetes Thema von mir, denn als Medium hebe ich mich von anderen ab). Einzelgänger sind in der Regel glücklich mit sich selbst, aber sie sollten beobachten, wie ihre Reizschwelle sich verändert, sobald andere in ihrem Einflussbereich auftauchen. Wenn jedes Thema die Präsenz und die Bedeutung anderer berücksichtigt, ist das Ergebnis deutlich mehr Toleranz und gegenseitiges Verständnis auf der Welt - und möglicherweise sogar Frieden.

24. **Verlierer.** Verlierer sind ausgesprochen negativ, wobei sie, anders als beim Thema der Unzulänglichkeit, ohne Handikap auf der Welt sind. Oft haben Verlierer viele gute Eigenschaften, die sie aber außer Acht lassen. Ihr Thema ähnelt dem der Defätisten dahingehend, dass auch sie ständig kritisieren, doch läuft bei ihnen unweigerlich alles auf "ich Ärmster" (oder "ich Ärmste") hinaus. Verlierer sind erstklassige Märtyrer und geraten von einer vertrackten

Seifenoper in die nächste. Es ist wichtig, dass wir Menschen mit diesem Thema nicht verurteilen; vielmehr sollten wir sehen, dass ihre Muster uns dazu befähigen, uns selbst zu vervollkommnen. Ihr Beispiel hält uns dazu an, positiv zu denken.

25. **Manipulierer.** Dies ist eines der stärksten Themen überhaupt, denn Manipulierer sind in der Lage, Situationen ebenso wie Menschen ohne Weiteres zu kontrollieren. Nimmt man das Schachspiel als Bild für das Leben, so sind Menschen mit diesem Thema imstande, andere Menschen und Konstellationen zu verrücken wie Figuren auf einem Schachbrett (ein sehr gutes Beispiel dafür war der amerikanische Präsident Franklin Roosevelt). Handelt so jemand zum Wohle aller, erfüllt dieses Thema seinen höchsten Zweck. Wird es dagegen missbräuchlich eingesetzt, rückt das Ziel der Vervollkommnung in weite Ferne.

26. **Passive.** Erstaunlicherweise sind Menschen mit diesem Thema durchaus aktiv - im Nichtstun. Sie bekennen zwar gelegentlich Farbe, doch immer auf die sanfte Art. Natürlich ist jedes Extrem dem Menschen abträglich, aber man braucht auch ein Minimum an Spannung, um die Seele zur Vollendung zu bringen.

27. **Geduldige.** Das Thema Geduld zählt eindeutig zu den schwierigsten auf dem Weg zur Vollendung, denn Menschen aus dieser Kategorie scheinen ihre Ziele schneller erreichen zu wollen als solche mit weniger anspruchsvollen Themen. Oft haben sie große Schuldgefühle, wenn sie merken, dass sie ihr Ziel aus den Augen verloren haben, weil sie zu ungeduldig waren. Selbsterniedrigung und unterdrückter Ärger sind unter Umständen die Folge. Diese Seelen müssen nachsichtig mit sich selbst sein, denn die Umstände, die sie sich ausgesucht haben, um dieses Thema auszudrücken, sind schwierig genug.

28. **Bauernopfer.** Ob mit negativen oder positiven Mitteln: Bauernopfer verweisen auf eine andere Größenordnung des Daseins (der biblische Judas ist ein klassisches Beispiel hierfür). Ohne sie können wir uns nicht zu universaler Vollendung entwickeln, aber diejenigen, die dieses Thema wählen, sollten sich ihre Würde bewahren, indem sie sich ausschließlich für Dinge stark machen, die es auch wert sind.

29. **Friedensstifter.** Mit dem Thema des Friedensstiftens geht es für die Betroffenen nicht so beschaulich zu, wie es den Anschein hat. Tatsächlich können Friedensstifter in ihrem Anliegen auch penetrant werden; sie arbeiten unaufhörlich für das Ende von Krieg und Gewalt und erreichen damit eine größere Öffentlichkeit als diejenigen, deren Thema die Harmonie ist. Und ihr Ziel ist bei weitem nicht nur an eine bestimmte Interessengruppe oder ein Land gebunden.

30. **Perfektionisten.** Wir alle sollten danach streben, dass in unserem Leben alles in Ordnung ist, aber wer dieses Thema hat, geht noch einen Schritt weiter und kann bei der Arbeit auch ausgesprochen innovativ sein und Zeit und Geld sparen. Perfektionisten neigen auch zu Härte gegen sich selbst. Sie verlangen von sich, dass sie alles richtig machen und nicht schludern. Sollte das irgendwann zwanghaft werden, muss das Thema gemildert werden. Perfektionisten müssen sich unter Umständen dazu zwingen, eine Zeit lang kürzer zu treten und ihre Arbeit oder ihre Verantwortungen ruhen zu lassen, um sich zu regenerieren.

31. **Unterhaltungskünstler.** Die Betreffenden finden dieses Thema lohnend, aber oft auch anstrengend. Sie sind die echten "Partylöwen"; einige von ihnen landen auch tatsächlich in der Unterhaltungsbranche, während andere sich damit zufriedengeben, zu Hause oder im Büro für Stimmung zu sorgen. Die Herausforderung

liegt darin, dem Burnout vorzubeugen und den Blick nach innen zu richten, um auf diese Weise zu lernen, gut für sich selbst zu sorgen und vielleicht auch mit sich selbst gut unterhalten zu sein.

32. **Verfolgte.** Menschen mit diesem Thema gehen ständig vom schlimmsten aller Fälle aus und sind überzeugt, man sei ihnen auf der Spur. Sich eine Freude zu gönnen, löst unter Umständen schon Panik bei ihnen aus, weil sie überzeugt sind, dafür büßen zu müssen. Dieses beschwerliche Thema wird ausgewählt, um anderen spirituelles Wachstum zu ermöglichen.

33. **Peiniger.** Schlimmstenfalls schlagen diese Menschen ihre Frau oder misshandeln Kinder oder sind Massenmörder. Der Zweck dieses Themas ist innerhalb eines individuellen Lebens schwer zu erkennen, aber diese scheinbar "schlechten Samen" spielen eine selbst gewählte Rolle, die die Menschheit befähigt, sich zu vervollkommnen. Noch einmal: Es ist unbedingt erforderlich, dass wir Menschen mit diesem Thema nicht verurteilen.

34. **Armut.** Das Thema Armut taucht häufiger in Entwicklungsländern auf, doch kann es in Wohlstandsgesellschaften eine noch größere Herausforderung sein. Einigen von denen, für die Armut ein Thema ist, fehlt es vielleicht sogar an nichts, und doch *fühlen* sie sich arm. Mit der Zeit vergeht diese Illusion, und es stellt sich ein gewisses Glücksgefühl ein, wenn man erkennt, dass die Fallstricke dieser Welt vergänglich sind und ihre Bedeutung schnell schwindet.

35. **Hellsichtige.** Das Thema Hellsichtigkeit ist eher eine Herausforderung als ein Geschenk, zumindest in der ersten Phase. Oft stehen strenge Autoritätspersonen im Hintergrund, die die Gabe, über die "normale" Wahrnehmung hinaus hören, sehen oder fühlen

zu können, geleugnet oder unterdrückt haben. Möglicherweise lernen die Seelen, diese Fähigkeiten anzunehmen und mit ihnen zu leben sowie sie spirituell oder sogar beruflich sinnvoll zu nutzen (nebenbei bemerkt ist dies keines meiner Themen, da hellseherische Fähigkeiten als Herausforderung in meinem Leben nie eine Rolle gespielt haben).

36. **Ablehnung.** Dieses fordernde Thema tritt sehr früh auf und wird mit dem Schuleintritt aktiviert, wenn das Kind Beziehungen eingeht. Oft werden diese Menschen von denen verlassen, die sie lieben; sogar die eigenen Kinder suchen sich ersatzweise andere Mutter- oder Vaterfiguren. Das Muster wird durchbrochen, indem die Person es erkennt, ablegt und die eigenen Anteile daran in Gottes Hände legt.

37. **Retter.** Er steht oft an der Seite des *Kämpfers für die Sache*, aber wenn Letzterer den nächsten Kreuzzug führt, bleibt der Retter zurück und kümmert sich um diejenigen, die Schaden genommen haben. Mit dem Thema des Retters geht ein hohes Maß an Empathie und der Fähigkeit einher, Not leidenden Menschen Stärke zu vermitteln. Zwar sind andere für ihre Probleme selbst verantwortlich, aber der Retter ist entschlossen, sie zu "beschützen". Dabei wird er selbst oft verletzt. Mit diesem Thema beschreitet man einen harten Weg, wird aber spirituell reich belohnt.

38. **Verantwortungsbewusste.** Wer sich für dieses Thema entschieden hat, wird sich eher mit Eifer denn aus Pflichtgefühl engagieren und Schuldgefühle entwickeln, wenn er sich nicht um jeden in seinem Wirkungsbereich kümmert. Die Herausforderung besteht darin zu erkennen, was unmittelbar wichtig ist, und dann einen Schritt zurückzutreten, um auch andere zum Zug kommen zu lassen und die Verantwortung mit ihnen zu teilen.

39. **Spiritualität.** Die Suche nach der spirituellen Mitte ist allumfassend für Menschen mit diesem Thema (Billy Graham etwa oder Mutter Teresa oder andere, die zum Wohle der Menschheit ihr Leben gaben oder Geld und Zeit aufwenden). Wenn das ganze Potenzial dieses Themas ausgeschöpft wird, sind diese Menschen weitsichtig, mitfühlend und großzügig; solange sie noch auf der Suche sind, sollten sie allerdings darauf achten, nicht engstirnig und wertend zu sein.

40. **Überleben.** Das Überlebensthema ist, aus welchen realen oder fiktiven Gründen auch immer, ein ständiger Kampf für diejenigen, die es sich ausgesucht haben. Diese Seelen, die in Krisensituationen am besten funktionieren, blicken sorgenvoll auf das tagtägliche Leben. Die Herausforderung liegt ganz offensichtlich darin, zwischendurch auch einmal zu lachen.

41. **Mäßigung.** Hier gilt es, Extreme zu meiden. Mit diesem Thema hat man höchstwahrscheinlich in der einen oder anderen Weise mit Sucht zu tun oder eine solche überwunden, aber noch unter den Nachwirkungen zu leiden. Und auch im Kampf gegen Fanatismus, der ein häufiges Kennzeichen dieses Themas ist, ist Maßhalten der Schlüssel.

42. **Toleranz.** Fällt die Wahl auf dieses Thema, gilt es, Toleranz auf *allen* Ebenen zu zeigen, ob im Hinblick auf das Weltgeschehen, gegenüber der Verwandtschaft, Kindern usw. Die Last wiegt so schwer, dass die Betreffenden oft nur in einem einzigen Bereich Toleranz aufbringen und ansonsten borniert sind. Wenn sie ihr Thema erkennen, können diese Seelen die Herausforderung jedoch annehmen und auch großzügiger sein.

43. **Opfer.** Diese Seelen wollen Märtyrer und Opferlämmer sein. Durch ihr Beispiel – und dessen dramatische Darstellung in den

Medien - werden uns Ungerechtigkeiten zu Bewusstsein gebracht (John F. Kennedy hatte ein Opferthema, aufgrund seiner Rückenschmerzen, seiner Familiengeschichte, des Drucks seitens der Eltern und der Umstände seines Todes). Wenn sie ihre Rolle erfüllt haben, können viele Opfer neue Szenarien entwerfen und ihre masochistischen Neigungen in etwas anderes verwandeln.

44. **Schikaneure.** Der People's Temple-Anführer Jim Jones ist ein Musterbeispiel für dieses Thema; dass viele Leben und Lebensthemen mit dem seinen in Wechselwirkung standen, liegt auf der Hand. Jones hat vielleicht einzig und allein die Rolle gehabt, eine Öffentlichkeit für Missbrauch innerhalb von Sekten herzustellen.

45. **Krieger.** Menschen mit diesem Thema setzen sich furchtlos Gefahren aus und stellen sich allen möglichen körperlichen Herausforderungen. Viele gehen zum Militär oder widmen sich der Rechtspflege, und wenn sie als Menschenfreunde das Humanitäre als zweites Thema haben, können sie auch besonders erfolgreich sein. Zwar ist es wichtig, Aggression zu mildern, aber es stimmt auch, dass wir ohne Krieger die Beute von Tyrannen wären.

46. **Reichtum.** Das Thema klingt nach einer erstklassigen Wahl, aber es ist ausnahmslos eher eine Last, die ungeschwächt zu destruktivem Verhalten führt. Wie bei jedem Thema geht es auch hier darum, die negativen Aspekte zu überwinden. Reichtum ist eine Versuchung, die wie eine Sucht wirkt; es ist sehr schwierig, dieses Thema in den Griff zu bekommen, so dass man Gefahr läuft, umgekehrt von ihm beherrscht zu werden. Die Betreffenden sind möglicherweise ständig damit beschäftigt, Geld zu vermehren und zu horten, ohne darüber nachzudenken, auf welchem Wege dies geschieht und wozu ihr Verlangen nach immer mehr führt. Moralische Werte spielen bei diesem Thema keine Rolle, so dass angesichts seiner starken

Wirkung unter Umständen viele Leben nötig sind, um seiner Herr zu werden. Wenn das endlich der Fall ist, verfahren diese Menschen sehr freigebig mit ihrem Besitz, ohne im Gegenzug etwas zu fordern.

47. **Sieger.** Im Gegensatz zum Thema der Sonntagskinder, denen alles zuzufallen scheint, arbeiten Sieger sehr hartnäckig für den Erfolg, riskieren viel und messen sich in Wettkämpfen mit anderen. Als unverbesserliche Optimisten sind sie stets überzeugt, dass der nächste Geschäftsabschluss, der nächste Job oder die nächste Ehe immer noch besser wird. Kaum läuft etwas schief, rappeln sie sich wieder auf und steuern die nächste viel versprechende Chance an. Dwight Eisenhower war ein Beispiel für dieses Thema. Sein unbeirrbarer Optimismus war ansteckend; das Vertrauen, das er als Präsident vermittelte, wirkte beruhigend. Die Herausforderung für diese Seelen besteht darin, eine realistische Vorgehensweise zu finden, um zu siegen.

❋ ❋ ❋

In all den Jahren habe ich den Menschen im Verlauf eines Gesprächs ihre Themen genannt, und als Reaktion folgte immer wieder: "Das bin ich ... haargenau !" Allerdings hat jeder von uns etwas von allen Themen, weil wir mannigfaltige Leben leben.

Versuchen Sie bitte nicht herauszufinden, ob die Lebensthemen den Tierkreiszeichen entsprechen, indem Sie im Bekanntenkreis sämtliche Themen abfragen. Verschiedene Menschentypen können mit fast jedem anderen Typus zusammengehen, weil wir immer etwas lernen, was für unsere Seele auf dem Weg zur Vervollkommnung hilfreich ist.

Einige sind verwirrt und empfinden sich als Opfer ihres Lebensentwurfs. Wir erwerben jedoch immer spirituelles Wissen, vor allem durch unsere Mitmenschen. Selbst mein erster Mann hat mir geholfen, meine Seele zu stärken, und ich habe gelernt, dass niemand das Recht hat, mich zu verunglimpfen oder zu verletzen. Heute gibt es Einrichtungen für misshandelte Frauen und ihre Kinder; das war früher nicht so. Ich zog also mit meinen Kindern in eine Mietswohnung. Wir aßen viel Schweinefleisch mit Bohnen, und ich unterrichtete wieder. Ich verdiente nur 455 Dollar im Monat, und angesichts der Kosten für Miete, Nebenkosten, Essen und Kleidung für drei Kinder kam ich kaum über die Runden. Aber durch den Glauben und das Gebet tat sich immer Hilfe auf. Ich veranstaltete Readings und machte Bastelarbeiten, nur um durchzukommen. Meine Freunde und meine Angehörigen hielten zu mir, und so merkwürdig es auch klingen mag: Heute blicken wir auf diese Zeit als eine der glücklichsten überhaupt zurück. Wichtiger als alles andere war, dass meine Kinder und ich nicht länger den Misshandlungen und dem Geschrei ausgesetzt waren.

Am Ende dieses Kapitels möchte ich noch einmal betonen, dass man seine Themen nicht unbedingt kennen muss, um seine Beziehungen gut zu gestalten; man begreift oder erklärt sich dadurch lediglich, warum sie manchmal gut und manchmal weniger gut funktionieren. Je öfter Sie sich mit diesen Themen beschäftigen, desto eher finden Sie natürlich auch heraus, welche zu Ihnen oder zu anderen Menschen passen. Entscheidend ist jedoch, wie schon gesagt, Folgendes: Ohne Spiritualität und die Liebe zu Gott und zur Menschheit wird keine Beziehung je funktionieren, unabhängig von der Person, mit der Sie zusammen sind, und den Themen, die jeweils eine Rolle spielen mögen.

## KAPITEL 9

# HERAUSFORDERUNGEN IN BEZIEHUNGEN

Da es bei allen 47 Lebensthemen Überschneidungen gibt, werde ich nicht an jeder Stelle ins Detail gehen. Vielmehr möchte ich Wechselwirkungen aufzeigen, zumal es in diesem Buch ja um Beziehungen geht. In diesem Kapitel beschäftige ich mich damit, in welcher Weise einige Themen eine Herausforderung für andere darstellen.

Zu diesem Zweck würde ich gern darauf eingehen, wie wichtig Themen in einer Beziehung sind. Dadurch möchte ich lediglich zeigen, warum es manche Menschen zusammen nicht schaffen. Sie können ihre Themen aber überwinden, wenn sie wissen, wie, und kommen dann nicht nur besser miteinander aus, sondern können ihre Themen gemeinsam mit dem Partner vervollkommnen. Auch Menschen mit denselben Themen können miteinander klarkommen, wenn sie ihr Verhalten ändern. Es mag kitschig klingen, aber man könnte es auf folgenden Nenner bringen: Wir beschreiten Hand in Hand den Weg unserer spirituellen Vervollkommnung. Es ist eine Kombination aus teilen und opfern: Wir teilen, wann immer es geht, und opfern, wenn nötig, unsere Bedürfnisse zugunsten derer unserer Partner.

Die Themen steuern unsere Absichten und alle Facetten unserer Persönlichkeit, die mit jedem neu inkarnierten Leben hinzukommen. Wenn wir uns diese Themen genauer ansehen, können wir sie auch mit Wesenszügen verbinden, als da wären: kränklich, eifersüchtig, verärgert, sorgenerfüllt, depressiv, psychotisch, exzentrisch, jovial, faul, launisch, optimistisch, pessimistisch und so weiter. Sie alle passen zu bestimmten Themen wie Harmonieliebende, Defätisten, Manipulierer, Drahtzieher oder sonstigen.

## Persönlichkeit versus Themen

Was macht Ihre Persönlichkeit eigentlich aus? Nun, neben unseren äußerlichen Rollen wäre da unsere jetzige Persönlichkeit, unser ursprüngliches, von Gott stammendes Wesen und die wunderbaren Beigaben aus früheren Leben. Im Kern bleiben wir gleich, aber dadurch, dass wir viele Leben leben, können wir unsere Wesenszüge verbessern. Wenn wir nach einem dieser Leben ins Jenseits zurückkehren, können wir bestimmte Daseinsmängel korrigieren und versuchen, wieder auf die Erde zu gelangen, um nach einer besseren Seele zu streben.

Viele Persönlichkeitsmerkmale sind wunderbar, andere einfach unerträglich, wie Ärger oder ständige Eifersucht oder Geschwätzigkeit; auch die kann einen wahnsinnig machen. Ich kenne eine Frau, die permanent sich selbst thematisiert und dabei vom Hundertsten ins Tausendste kommt - langatmige Geschichten ohne jeden Reiz. Aber mit meinem Thema der *Menschenfreunde* (auf das ich noch zurückkommen werde) tut sie mir leid, weil ich merke, dass ihr auch sonst niemand zuhören will.

Ich kenne noch jemanden, mit dem es sich ganz ähnlich verhält. Seine Geschichten gehen immer ungefähr so: "Sonntag wollte ich mir ein Paar Schuhe kaufen. Nein, halt ... am Montag. Nein, doch Sonntag, es hat ja geregnet. Zuerst war ich bei Nordstrom ... nein, stimmt nicht ... bei Macy's. Ich hatte näher bei Macy's geparkt, und dann hab' ich mir gedacht: Wenn du schon hier bist, kannst du ja genauso gut zuerst zu Macy's gehen!"

So redet er immer weiter, und ich reiße mich zusammen, um nicht laut hinauszuschreien: "Um Himmels willen, komm' endlich zur Sache! Hast du jetzt Schuhe gekauft oder nicht? Und wen interessiert das überhaupt?"

Alles Extreme ist unerträglich. Vor Jahren ging ich mit einem solch redseligen Mann aus und traf dann auf jemanden, der eher einsilbig war. Zunächst war ich hocherfreut über die Stille, aber dann merkte ich, dass auch das nicht ideal war. Als ich den schweigsamen Mann darauf ansprach, sagte er: "Ich rede nur, wenn ich etwas Wichtiges zu sagen habe." Was anscheinend *nie* der Fall war ...

Was ist aus der Kunst der Konversation geworden? Ich erinnere mich noch, wie vermutlich viele von Ihnen auch, dass wir sonntags nach der Kirche mit meiner Familie essen gingen, und unsere Freunde und Verwandten verbrachten Stunden bei Tisch und redeten über sämtliche Neuigkeiten, über Politik und das, was wir die Woche über gemacht hatten ... Zuhören, plaudern, dazulernen - es war das reinste Vergnügen! Deswegen gibt es für mich auch nichts Schöneres als ein gemeinsames Essen mit lebendigen Menschen, die lustig sind, Witze machen und sich Interessantes zu erzählen haben.

Meine Großmutter war die beste Geschichtenerzählerin, die es gibt. Alles, was sie zum Besten gab, war interessant, spannend und hatte eine Moral, über die ich dann mit ihr diskutierte. Das gibt es in dieser Gesellschaft nicht mehr; wir sind so isoliert in unseren vier Wänden und am Arbeitsplatz, dass kaum mehr irgendeine Neuigkeit zu uns vordringt. Als würde man im Radio ständig dieselben Nachrichten hören.

Das erinnert mich an ein Ehepaar, das mich für ein Reading aufsuchte. Sie waren seit 55 Jahren verheiratet, und wenn sie eine Frage stellte, lächelte er und nickte. Dann war er an der Reihe, und sie lächelte und nickte. Nicht einmal widersprachen sie einander oder äußerten sich abschätzig übereinander. Beim Abschied sagten beide, sie würden immer noch genauso gern miteinander reden und sich über neue Bücher und Ideen austauschen. Fast einstimmig sagten sie über den anderen, er sei der beste Freund. Was für ein gottgegebener Segen - und so kann es auch für uns sein, wenn wir uns nur bewusst machen, mit wem wir es eigentlich zu tun haben.

Mit Abstand am wenigsten kann ich persönlich mit Faulpelzen anfangen. Diese Menschen können nicht agieren und, was noch ermüdender ist, sie tun es auch nicht. Sie raffen sich vielleicht auf, wenn man sie laut genug anschreit, aber wer hat schon immer die Kraft dazu? Ich finde es beispielsweise inakzeptabel, wenn ein Mann die ganze Zeit zu Hause herumsitzt und fernsieht, während seine Frau schuftet. Ich erlebe es aber oft, dass Frauen solche Versager ertragen, nur um sagen zu können, sie seien verheiratet. Ich rate ihnen dann zu einem Hund oder einer Katze; Haustiere können einem wenigstens etwas geben! Umgekehrt darf ein Ehemann, der hart für seine Familie arbeitet, auch erwarten, dass das Zuhause sauber ist und ein Essen auf dem Tisch steht. Ich habe meine Kinder erzogen und trotzdem immer für ein ordentliches Zuhause und regelmäßige Mahlzeiten gesorgt. Wenn jeder mit anpackt, funktioniert das auch.

Ich bin überzeugt davon, dass Faulheit eine echte Charakterschwäche ist. Das Leben muss gelebt werden, nicht beobachtet. Wenn Sie das tatsächlich lieber tun, wären Sie besser gleich auf der anderen Seite geblieben ...

## Aus den Themen lernen

Das primäre Thema prägt uns im Wesen; es ist also die Basis unserer Seele und die treibende Kraft für unser Leben. Das untergeordnete Thema ist das, was wir hier vervollkommnen und kontinuierlich in unser Leben einbringen sollen, so dass wir etwas daraus lernen. Meistens lernt die Seelen aus beiden Themen - gerade jetzt -, weil sich das Reinkarnationsschema vollendet. Obwohl wir in jedem Leben andere Themen und andere Beziehungen haben, bleibt unser ursprüngliches Wesen und unsere grundlegende Persönlichkeit davon durch all unsere Leben hindurch unberührt.

Egal, welche Themen wir bearbeiten - es kann sehr schwierig werden. Wenn dann noch andere Beziehungen jeweils mit ihren Themen und Einflüssen aus vorangegangenen Leben (ganz zu schweigen von dem jetzigen) dazukommen, grenzt es an ein Wunder, dass wir überhaupt je eine Beziehung zu anderen eingehen. Deshalb betone ich auch immer wieder eines: Je spiritueller wir sind, desto besser können wir uns verstehen und gegenseitig lieben, wodurch auch wunderbare Verbindungen zu unseren Mitmenschen entstehen.

Natürlich sollte keines Ihrer Themen oder Ziele extrem ausfallen, denn das steht dem Ziel des Lernens entgegen. Jesus fragte einmal: "Denn was nützt es dem Menschen, wenn er die ganze Welt gewinnt, dabei aber seine Seele verliert?" Fragen Sie sich einmal, ob Sie sich selbst oder die Fähigkeit, etwas dazuzulernen, opfern würden - nur um sagen zu können, dass es in Ihrem Leben jemanden gibt? Sie brauchen ein gutes Gleichgewicht, und manchmal vergehen Jahre auf dem Weg dahin.

Wenn Sie es zudem zulassen, dass die Probleme dieses oder irgendeines anderen Lebens überhandnehmen, machen Sie jede Beziehung kaputt. Sie müssen Erfahrungen, die Sie in der Vergangenheit gemacht haben, nicht unbedingt in Ihre gegenwärtigen Beziehungen hineintragen; verabschieden Sie sich einfach von der Negativität in sich und anderen.

Natürlich ist nichts vollkommen. Menschlich, wie wir sind, könnten wir unserem Partner oft an die Gurgel gehen, aber das ist aus Stress und Frustration schnell dahingesagt. Zum Streiten gehören immer zwei, und manchmal geht man einfach besser, als sich auf eine Auseinandersetzung einzulassen. Das heißt nicht, dass Sie das Problem ignorieren; Sie warten lediglich, bis sich Ihr Partner wieder beruhigt hat. Treiben Sie es damit aber nicht zu weit, indem Sie bei jeder Gelegenheit die Flucht ergreifen. Wie sagte meine Großmutter immer: "Geh' nie wütend ins Bett, denn das Problem löst sich nicht in der Morgenluft auf." Stattdessen wacht man schlecht gelaunt auf und ist den ganzen Tag über bedrückt.

Kommen wir also auf unsere Themen zurück, von denen ich einige herausgreifen möchte, um auf ihre besonderen Herausforderungen einzugehen (ohne bestimmte Reihenfolge).

• Das Thema des **Analytikers**, das man bei Wissenschaftlern und in hochtechnisierten Berufen findet, ist wunderbar, sofern es nicht in der entgegengesetzten Polarität auftritt (das gilt für jedes andere Thema auch). Zu verstehen, warum etwas so ist, wie es ist, ist das Eine - und Analytiker bringen immer wunderbare Dinge in Erfahrung; aber jedes Wort, jede Geste und jeden Umstand im Leben genauestens unter die Lupe zu nehmen, kann auf Dauer anstrengend für das Umfeld sein.

Wenn Sie sich selbst über das Thema Geduld weiterentwickeln sollen, können Sie den Analytiker vielleicht ertragen, aber ständige Befragungen wie "Was meinst du, wenn du dieses oder jenes sagst oder tust?" sind zum Davonlaufen. Wenn Sie Analytiker sind, versuchen Sie, das Leben so zu nehmen, wie es ist. Natürlich wollen die Menschen auch etwas lernen, aber wenn Sie eine Blüte Blatt für Blatt auseinandernehmen, stehen Sie irgendwann mit dem nackten Stängel da und haben übersehen, wie schön die Dinge sind.

• **Ästheten** sind Menschen mit einer Affinität zu Literatur und Künsten wie Musik, Schauspielerei, Tanz, Malerei oder Gesang, die bereits früh auftritt. Bei meiner Enkelin zeigte sich zum Beispiel, noch bevor sie überhaupt richtig sprechen konnte, wie gern sie schreibt. Diese Menschen werden von ihrer inneren Begabung getrieben, und sie werden sich mit nichts Geringerem als dem Broadway zufrieden geben oder Plattenstar, Maler, Tänzer oder Schriftsteller werden.

Leider birgt der Wunsch, im Rampenicht zu stehen, die Gefahr, eigene Beziehungen zu vernachlässigen. Auf einer niedrigeren Stufe kann das Thema zu falscher Selbstliebe oder einem falschen Ich führen. Diese Seelen haben das Gefühl, dass nichts und niemand ihre Herzen so ausfüllen kann wie die Bewunderung des Publikums. Ihre Partner fühlen sich entsprechend vernachlässigt, weil die ganze Bewunderung dem anderen gilt und sie selbst dadurch in den Hintergrund treten. Toleranz und Geduld sind zwei Themen, die gut zu den Ästheten passen, aber wer mit einem berühmten Künstler zusammen ist, muss in seiner göttlichen Mitte ruhen und sich selbst genau kennen. Die Prominenten, für die ich Readings mache, sind oft sehr unsichere Menschen; ihre Liebe gehört tatsächlich dem Publikum.

• Das Thema der Emotionalität kann für **Gefühlsmenschen** zur Herausforderung werden, wenn sie es komplett verinnerlichen, statt daraus zu lernen (auch das trifft für jedes andere Thema zu). Anders gesagt: Wenn Sie sich über alles aufregen, wird Ihre dramatischen Auftritte auf Dauer niemand mehr ernst nehmen. Als praktische und gefestigte Menschen können Drahtzieher eine Stütze sein, denn sie sorgen für Ausgleich und helfen anderen, ihr Leben Stück für Stück auf eine solide Basis zu stellen.

Wenn Menschen mit diesem Thema jedoch zu tief in ihren Gefühlen stecken, benötigen sie unter Umständen ärztliche Hilfe, um Halt zu finden. Emotionalität kann zwar vieles bewirken, sollte aber nicht als Entschuldigung für divenhaftes Benehmen herhalten.

• Mit dem Thema des **Unterhaltungskünstlers** muss man nicht unbedingt im Showgeschäft landen, hat aber durchaus das Zeug dazu. Diese Menschen sind jedenfalls Stimmungskanonen und haben immer einen Witz oder eine Anekdote parat oder singen einem etwas vor - Hauptsache, es ist unterhaltsam. Auf der höheren Stufe sind Menschen mit diesem Thema höchst angenehm und werden überallhin eingeladen. Und viele von ihnen können sich auch daran freuen, wenn sie daheim und bei der Arbeit für gute Stimmung sorgen. Wer wollte nicht so glückliche, positive Menschen um sich haben?

Schwierig könnte es für sie sein, die totale Erschöpfung zu vermeiden, obwohl diese Menschen ihren Blick eigentlich nur nach innen richten müssen, um zu lernen, sich selbst etwas Gutes zu tun und mit sich zufrieden zu sein. Da unser Leben mittlerweile so dahinrast, wird es mit dem "gemütlichen Beisammensein" ja leider auch immer schwieriger.

Menschen mit diesem Thema können hervorragende Freunde sein, vor allem, wenn es sich zwanglos ergibt und sie umgänglich und nicht als ungestüme Langweiler auftreten. Analytiker und Herrscher passen gut zu ihnen, weil sie für Ausgleich sorgen und das überstrapazierte Bedürfnis zu unterhalten mildern.

• **Harmonieliebende** wollen, dass alle glücklich sind, und es fordert ihr ganzes Wesen, mit jemandem zusammen zu sein, dem es schlecht geht. Folglich sind Defätisten auch nichts für sie. Auch Manipulierer, die alles um sich herum - auch Menschen - kontrollieren wollen, passen nicht zu ihnen. Und weil sie immer alles richtig machen wollen, versuchen sie, Herrschern und Gewinnern ihre Wertschätzung zu zeigen. Ich würde nicht so weit gehen zu behaupten, dass es sinnlos ist, doch können diese Beziehungen unendlich schwierig sein.

• Der **Manipulierer** passt nicht einmal zum Herrscher, denn hier will immer einer von beiden die Oberhand gewinnen. Beide müssen das Sagen haben, was ich für anstrengend halte, aber sie scheinen sich geradezu darin zu sonnen, vom Leben anderer Besitz zu ergreifen und sie ihrem Willen zu unterwerfen. Das Thema des Manipulierens taucht dann auf, wenn es bei erpresserischen Versuchen etwa heißt: "Du machst, was ich sage, oder du bekommst keine Liebe oder kein Geld mehr von mir oder wirst aus unserer Familie verstoßen." Das Thema taucht auch in der Arbeitswelt auf, wenn Angestellten mit dem Verlust des Arbeitsplatzes gedroht wird, falls sie nicht tun, was die Kollegen von ihnen verlangen. Und manche Frauen verharren in einer unglücklichen Ehe, weil sie keine finanziellen Mittel haben, es sei denn, sie bleiben bei ihrem manipulativen oder kontrollierenden Ehemann.

❋ ❋ ❋

Zwar handelt es sich allem Anschein nach um negative Themen, doch dürfen wir diese Menschen nicht verurteilen. Themen können sich immer verändern - genauso wie wir beim Konfliktmanagement lernen, Negatives in Positives zu verwandeln. Wir sollten auch daran denken, dass dank unserer früheren Leben von jedem Thema auch etwas in uns steckt. Außerdem können viele der scheinbar negativen Themen, wie das des Manipulierers oder des Herrschers, auch einem höheren Zweck dienen, was sie zu etwas sehr Positivem macht.

Viele der "netteren" Themen haben auch ihre Tücken. Das des Kümmerers etwa, der sich bei übertriebener Ausprägung seines Themas so sehr um andere bemüht, dass es gar nicht mehr um ihn selbst oder seine Familie geht.

- **Kümmerer, Menschenfreunde** und **Retter** sind verwandt, und ihre Herausforderungen sind unter Umständen eher innerlich als äußerlich. Diese scheinbar selbstlosen Themen können für die betreffenden Menschen sehr schwierig sein und sie vollkommen lahmlegen: Dann sind sie so ausgelaugt, dass für sie und die Menschen in ihrem Umfeld nichts übrig bleibt. Das Thema der Menschenfreunde ist beispielsweise auch meines, und ich habe mehrere Jahre gebraucht, um zu begreifen, dass ich für andere nicht alles sein kann, so sehr ich es mir auch wünsche.

Ich liebe meine Mitmenschen und habe immer aufrichtig versucht, ihnen durch meinen Unterricht, über Bücher, Lesungen und Auftritte bei ihren Problemen beizustehen. Dabei habe ich auch Fehler gemacht und mich gelegentlich verstrickt, aber ich musste vor allem lernen, dass ich selbst nie die Bremse ziehe; ich verausgabe mich, bis ich irgendwann so am Ende bin, dass ich niemandem mehr eine Hilfe bin. Ich hatte mir das nie bewusst gemacht, bis ich eines Tages in meinem Büro eine von meinen Mitarbeiterinnen etwa Folgendes sagen hörte: "Ja, ich weiß, dass Sie Probleme haben, und ich nehme Sie dran, sobald es geht, aber wenn wir jeden weiterleiten würden, der Sylvia auf der Stelle braucht, hätten wir keine Sylvia mehr. Und schließlich haben wir nur die eine."

Das gab mir zu denken, und ich blickte auf die letzten Jahre zurück: ein Sperrfeuer aus Kriminalfällen, Readings, Medienauftritten, Lesungen und nächtlichen Anrufen der Polizei. Damals begann ich allmählich, meine körperliche und geistige Gesundheit wichtiger zu nehmen. Ich habe nach wie vor Kontakt zu Tausenden von Menschen, denn ich liebe meine Arbeit, aber jetzt nehme ich mir auch Zeit zum Schreiben (was mich entspannt), für meine Gobelinstickerei und für meine Familie.

Wenn Ihr Thema der Kümmerer, der Menschenfreund oder der Retter ist, fällt es Ihnen möglicherweise schwer, Ihre Beziehungen zu pflegen, weil Sie anderen so viel Zeit widmen. "Und wir?", werden Ihre Frau oder Ihre Kinder sich oft fragen. Und oft reicht ihnen auch die Zeit nicht, die Sie dann für sie erübrigen, denn sie wollen Ihre ungeteilte Aufmerksamkeit.

Die genannten Themen müssen sich nicht zwangsläufig zusammentun, denn sie passen auch gut zum Drahtzieher, zu Harmonieliebenden oder zur Gerechtigkeit. Wenn Sie sich für eine Beziehung mit einem dieser Themen entscheiden, kommen Sie gut miteinander aus, sofern beide gern helfen, aber Sie müssen sicher gehen, dass er oder sie das Tempo drosselt, damit Ihnen genügend Zeit füreinander bleibt.

- Unter allen Themen sind **Retter** vermutlich diejenigen, deren Vertreter am hartnäckigsten auf ihr Ziel zusteuern. Ob Sie wollen oder nicht, ob es nötig ist oder nicht - Retter schützen Sie bei der erstbesten Gelegenheit und jubeln Ihnen sofort ihre Vorstellung davon unter, was Sie glücklich machen wird. Auf einer gemäßigten Stufe wollen einen Menschen mit diesem Thema neu erfinden, oder sie intervenieren sehr sinnvoll für andere, scheinen aber unfähig zu sein, sich selbst zu schützen. Auf einer höheren Ebene tritt das Thema in Gestalt des erfolgreichen Arztes aus der Großstadt in Erscheinung, der sich in einem kleinen Ort niederlässt, oder des Menschen, der im Ghetto eine Schule einrichtet. Pater Flanagan von Girls und Boys Town war ein gutes Beispiel für den geläuterten Retter.

- Das Thema des **Anhängers** ist nicht schlecht an sich, aber es ist eines, vor dem man sich in Acht nehmen muss, denn es kann dazu führen, dass man von jemandem, der vorgibt, perfekt zu sein, kontrolliert und manipuliert wird. Dann wäre da noch das Thema der **Fehlbarkeit**, das so stark von Demut und übertriebenen Gewissensbissen geprägt ist, dass es die Betreffenden schwer belasten kann. Mit ihrer stets unterwürfig zur Schau getragenen Unzulänglichkeit fordern sie einen so heraus, dass man sie ermahnen möchte, sich ihrem Schmerz und ihren Schuldgefühlen nicht völlig hinzugeben. Diese Personen halten sich zwanghaft für unwürdig. Oft finden zwei Menschen mit diesen beiden Themen zueinander, oder sie halten nach jemandem mit den Themen Gewinner, Herrscher oder Manipulierer Ausschau, denen es nur um sich selbst geht.

Bei einem Anhänger- oder Unzulänglichkeitsthema ist es ganz wichtig zu begreifen, dass man sein Karma durch diese Menschen nicht verbessern kann. Sobald Ihnen bewusst wird, wo Sie gelandet sind, holen Sie sich, was Sie brauchen, und kommen Sie dann wieder aus der Situation heraus. Sie lernen nichts durch den Abstieg an der Seite eines Menschen, der Sie kontrolliert und aufzehrt.

- Im Rahmen ihres Themas versuchen **Täter** oft zu unterdrücken, wofür andere sich stark machen. Weil sie misshandeln, töten oder foltern, kann man sie nur schwer begreifen, aber sie helfen uns, etwas zu lernen. Schließlich müssten wir unser Leben und unsere Spiritualität nicht vervollkommnen, wenn es keine dunkle Seite in uns gäbe. Menschen mit diesem Thema haben in der Regel keine Beziehung von Dauer; ihre Verbindungen sind vielmehr kurzlebig und von körperlicher oder seelischer Gewalt geprägt. Wenn sie christusgleich leben könnten, käme es ihnen nie in den Sinn, andere zu verurteilen. Die einzigen Menschen, gegen die Jesus je seine Stimme erhoben hat, waren die heuchlerischen Pharisäer.

- Am anderen Ende der Skala stehen die **Verfolgten**, die ständig von den schlimmsten Annahmen ausgehen. Sie beziehen alles auf sich und halten sich auch für verflucht, was natürlich nicht stimmt. Wenn dies Ihr Thema ist, kann es sehr schwierig für Sie sein, überhaupt eine Beziehung zu jemandem aufzubauen, es sei denn, der- oder diejenige hätte ein starkes spirituelles Thema wie Toleranz oder Retter, aber selbst dann kommt es zu Abnutzungserscheinungen. Denken Sie immer daran, dass all diese Themen dazu da sind, uns spirituell reifen zu lassen. Ein beschwerliches Thema bedeutet also, dass man daran wachsen kann, und nicht, dass man notwendigerweise damit untergeht.

- Diejenigen, die den **Verlierer** zum Thema haben, können viele Pluspunkte haben, was sie aber oft ignorieren. Doch im Gegensatz zu den Verfolgten inszenieren sie zum Teil aufwendige Dramen und setzen sich durchaus auch Gefahren aus. Wenn wir ein Lotterielos kaufen, denken wir meistens nicht allzu lange darüber nach, warum wir nicht gewonnen haben. Der Verlierer aber sagt: "Ich weiß gar nicht, warum ich überhaupt ein Los gekauft habe; ich habe ja sowieso immer Pech." Und wenn ihnen doch einmal etwas Gutes widerfährt, arbeiten sie erstaunlicherweise dagegen an.

Leider werden Frauen häufiger von diesem Thema angezogen als Männer. Man nehme nur all die Frauen, die den Wunsch haben, einen Häftling zu heiraten. Irgendetwas in der weiblichen Natur bewirkt, dass sie (unabhängig von anderen Themen) andere bemuttern oder zu besseren Menschen machen wollen. Zu einem Verlierer kann man jedoch keine tragfähige Beziehung aufbauen. Das gelingt meines Erachtens sogar Menschen mit dem Thema des Verfolgten nicht, denn beide würden darum streiten, wer es nun noch schlechter hat. Wir alle kennen solche Menschen, und so emotional aufreibend sie auch sein mögen, wir sollten uns bemühen, ihnen gegenüber so freundlich wie möglich zu bleiben. Zu viel Zeit sollten wir allerdings nicht mit ihnen verbringen, denn Negativität bringt Negativität hervor.

Noch einmal: Versuchen Sie, nicht zu urteilen, sondern sehen Sie, dass Sie durch diese Menschen etwas lernen. Sich vervollkommnen heißt jedoch nicht, den anderen zu retten (was die anderen auch nicht zulassen würden). Und sollte dies Ihr Thema sein, denken Sie immer daran, dass Sie daran arbeiten können, es zu überwinden. Indem Sie Ihre Beziehung zu Gott stärken, halten Sie es weitgehend in Schach.

- Anders als die Verlierer scheinen Menschen mit dem Thema der **Ablehnung** tatsächlich Ablehnung zu erfahren. Es stimmt, dass all diese Themen auf einer Gefühlslage beruhen, die sich dann auch manifestiert, aber diese Seelen machen scheinbar wirklich nichts richtig. Ob es ihr Aussehen ist oder ihr Tun, sie fühlen sich zurückgewiesen, und dieses Grundgefühl entsteht schon in der Kindheit. Auch hier gilt, wie bei so vielen Themen, dass das Muster durchbrochen und das falsche Ego aufgegeben werden kann. Das geschieht jedoch nur, wenn der- oder diejenige wirklich genug von der mangelnden Akzeptanz hat und sein Verhaltensmuster selbst verändert.

Menschen mit diesem Thema passen gut zu den Problemlösern, die für sie so viel übrig haben, dass sie es manchmal tatsächlich schaffen, die Abgelehnten aus sich herauszulocken.

• Auch der **Einzelgänger** ist ein schwieriges Thema, wenn man nicht daran arbeitet. Neben meinem primären Thema des Menschenfreundes habe ich den Einzelgänger als untergeordnetes Thema. Oft hat man gegensätzliche Themen. Bei mir ist das offenkundig, denn wie kann man als Einzelgänger in der Öffentlichkeit stehen?

Nach so viel Seelensuche dämmerte es mir, dass meine hellseherischen Fähigkeiten mich manchmal auch isolieren. Doch obwohl ich über diese oft missverstandene Gabe verfüge, habe ich mich nie allein gefühlt; allerdings geht die Geistesverfassung oder das Wesen eines Menschen, wie schon gesagt, immer auf das jeweilige Thema zurück. Ich glaube auch, dass Menschen, die nicht in der Öffentlichkeit stehen, das Thema des Einzelgängers haben. Zwar ist mein Leben ein offenes Buch, nicht aber mein Geist, und vielleicht ist mir das eher bewusst als denen, die dieses Thema nicht haben.

Ich habe gelernt, mit diesem Thema zurechtzukommen und es mit dem des Menschenfreundes unter einen Hut zu bringen - wenn ich schreibe, Readings mache und recherchiere, kann ich für mich sein, und dann gehe ich auch gern wieder hinaus und genieße es, in der Öffentlichkeit zu stehen.

• Menschen mit dem Thema der **Passivität** können in ihrer Unverbindlichkeit fast den Anschein erwecken, faul zu sein. Tatsächlich ist ihre Leidenschaft für dieses Leben einfach nicht sehr stark ausgeprägt. Sie würden gute Mönche abgeben, wenn sie sich dazu entschließen würden, in ein Kloster einzutreten, denn wenn sie einmal Stellung beziehen, dann immer für einen gewaltfreien Weg.

Ich weiß noch, wie ich in den sechziger Jahren gemeinsam mit meinem Freund Bob Williams in Versammlungen auf solche Menschen gestoßen bin. Sie waren weder Kämpfer für die Sache noch Bannerträger noch Krieger; sie machten eher den Eindruck, als warteten sie darauf, dass das Leben vergeht und sie in der Zwischenzeit weitestgehend von Alltagssorgen befreit wären. Sie wollten anders sein, aber ich war erstaunt, wie gleich sie alle redeten und aussahen.

Einige Themen verstehe ich einfach nicht, und Passivität stellt mich wirklich vor ein Rätsel. Ich habe immer das Bild eines heiligen Mannes vor Augen, der auf einem Felsen sitzend meditiert. "Komm runter, und hilf anderen, so wie Jesus es auch getan hat" - so möchte ich ihm zurufen, aber wir müssen jeden Lebensweg tolerieren. Nur weil wir persönlich mit etwas nicht einverstanden sind, heißt das nicht, dass es falsch wäre. So lange man Menschen nur schwer begreift, sie aber niemandem Böses tun, sollten sie so leben und sich vervollkommnen dürfen, wie sie es für richtig halten.

Ein Antreiber oder Katalysator könnte hilfreich sein für jemanden mit dem Thema der Passivität, denn er könnte bei ihm vielleicht Begeisterung für etwas wecken.

• Zum Thema der **Geduld** haben viele einen Bezug, obwohl es zu den schwierigeren Wegen zur Vollkommenheit gehört. Menschen mit diesem Thema sind manchmal übertrieben gewissenhaft, auch sich selbst gegenüber, weil sie oft ein schlechtes Gewissen haben, wenn sie ungeduldig gegenüber Kindern, Angehörigen oder Kollegen sind. Sie können aber auch wegen jeder Kleinigkeit ungehalten sein; ihre Partner müssen immer pünktlich sein, der Müll muss sofort heruntergebracht, der Rasen auf der Stelle gemäht werden.

Überhaupt gilt bei allem: hier und jetzt. Wer dieses Lebensthema hat, sollte meditieren, tief Luft holen und sich bewusst machen, dass alles seine Zeit braucht (ich denke hier an den Autofahrer, der an der Ampel stark beschleunigt, nur um bei der nächsten Ampel wieder neben einem zu stehen). Üben Sie Nachsicht gegenüber sich und anderen, und denken Sie immer an den Satz: Alles zu seiner Zeit. Sich zwanghaft mit etwas zu beschäftigen, verursacht Stress, und Stress macht krank. Zwar heißt es im Leben tatsächlich oft "hier und jetzt", aber es muss ja nicht unbedingt von Ihnen kommen.

Bei diesem Thema wird die Geduld praktisch permanent auf die Probe gestellt, was es letztlich auch so schwer macht. Wenn diese Menschen ihr Thema überwinden können, gehören sie zu den freundlichsten und umgänglichsten überhaupt und sind wunderbare Freunde und Partner für diejenigen unter uns, die eher ungeduldig sind. Auch gelten sie als sehr gute Zuhörer, die eher emotionale Menschen beruhigen können. Menschen mit dem Thema der Geduld passen gut zum Problemlöser, zum Katalysator und zum Forscher, da diese spontaner sind und Dinge schneller und pünktlich erledigen.

- Das Thema der **Toleranz** ähnelt in mancher Hinsicht zwar dem der Geduld, doch tritt es stärker hervor, weil es tiefer geht und umfassender ist. Auf der niedrigsten Stufe liegt es unter Umständen sogar mit sich selbst im Widerstreit und verwandelt sich in Intoleranz; dann sind die betreffenden Menschen heuchlerisch oder neigen zu Vorurteilen. Es mag zwar selbstverständlich erscheinen, doch Menschen mit diesem Thema müssen lernen, Hindernisse im Leben und Schwächen bei sich und anderen sowie Menschen, die einen anderen Standpunkt vertreten, zu tolerieren. Das bedeutet nicht, dass sie Grausamkeit, Ungerechtigkeit oder Bevorzugung dulden müssen; vielmehr versinnbildlicht dieses Thema das Motto: "Leben und leben lassen".

Beachten Sie, dass man nicht nur Menschen mit den Themen Geduld und Toleranz durch spezielle Marotten oder Eigenarten vergraulen kann. Mein Lieblingsbeispiel ist jemand, der ein Kaugummi mit den Fingern in die Länge zieht oder schmatzt oder beim Essen mit der Zunge schnalzt. Ich kenne auch eine Frau, die immer kurz durch die Nase ausatmet, als wolle sie sich schnäuzen; nach spätestens einer Stunde bekomme ich Zustände. Ich glaube, ich habe eher gelernt, den Menschen an sich zu tolerieren und nicht so sehr seine Angewohnheiten.

Denken Sie immer daran, dass die Eigenarten eines Menschen nichts mit seiner Hautfarbe, seinem Glauben oder seinen politischen Überzeugungen zu tun haben. Wer sind wir, dass wir uns anmaßen, andere wegen ihrer Art zu leben und wegen ihres Glaubens zu kritisieren? Wir sollten uns stets Jesus' Worte in Erinnerung rufen: "Richtet nicht, damit ihr nicht gerichtet werdet!"

• Mit dem Thema der **Armut** können Sie jeden in Ihrem Umfeld in den Wahnsinn treiben. In Entwicklungsländern kann Armut tatsächlich ein Thema sein, wobei ich die Erfahrung gemacht habe, dass es Menschen in der Türkei, in Afrika, Griechenland, Mexiko oder andernorts oft nicht einmal bewusst ist, dass sie von Armut betroffen sind. Amerikaner scheinen Armut eher wahrzunehmen und zu bewerten und sind dabei blind für die Not armer Menschen.

Alle Themen spielen sich auf einer inneren Ebene ab und können sich in der Haltung spiegeln. Menschen mit diesem Thema haben häufig Angst, zu kurz zu kommen oder irgendwann kein Dach mehr über dem Kopf zu haben. Sie können finanziell sogar relativ gut dastehen und sich dennoch arm fühlen, oder sie haben Geld im Überfluss und fürchten die Armut so sehr, dass sie geizig werden. Meine Großmutter sagte: "Wenn die Armut ans Fenster klopft, fliegt die Liebe oft zur Tür hinaus." So tragisch es ist, es stimmt.

Armut passt gut zum Überleben oder zu den Gewinnern, denn sie überwinden die Ängste, indem sie die Hürden nehmen und Geld verdienen.

• So wunderbar das Thema der **Verantwortung** klingt - tatsächlich ist es sehr schwierig. Es ist die Entsprechung zu den Menschenfreunden und Rettern. Menschen mit diesem Thema fühlen sich für alles und jeden verantwortlich, was oft so weit geht, dass sie ihr engstes Umfeld vernachlässigen. Sie haben das Gefühl, jeden unter ihre Fittiche nehmen zu müssen, und sie sind die Ersten, die die Hand heben, wenn Freiwillige gesucht werden.

In schwacher Ausprägung kann das Thema viel bewirken, doch es kann auch dazu führen, dass die Familie oder Freunde vernachlässigt werden. Ich habe beispielsweise ein Reading mit einem Mann gehabt, der mir erzählte, seine Frau arbeite lobenswerterweise ehrenamtlich für die Gemeinde, opfere aber ihr Familienleben dafür. Tatsächlich ist es lobenswert, anderen zu helfen, aber wir müssen Prioritäten setzen. Wenn wir unsere Familie oder uns nahestehende Menschen vernachlässigen, klingt das Lob von außen eher hohl.

Mit diesem Thema sind Sie aufgefordert zu entscheiden, was für Sie und die Ihren wirklich zählt, und sie sollten, wann immer möglich, anderen den Vortritt lassen. Jemand mit dem Thema der Gerechtigkeit ist eine gute Ergänzung, denn er oder sie kann für Ausgleich sorgen. Auch der Friedensstifter ist ein gutes Thema, denn er sorgt dafür, dass Mitmenschlichkeit und Demut nicht zu kurz kommen.

• Auch **Gerechtigkeit** klingt großartig, aber das Zusammenleben mit diesen Menschen kann sehr schwierig sein, wenn Sie nicht dieselben Interessen haben. Das liegt daran, dass sie das Ausmaß der Ungerechtigkeiten, die sie miterleben, verunsichert. Sie müssen erkennen, dass sie nicht die ganze Welt ins Lot bringen werden; doch sie können es sehr wohl innerlich für Gott und die Menschen in ihrem Umfeld.

- Das Thema des **Friedensstifters** ist nicht so spezifisch, wie es scheint. Im Gegensatz zu den Kämpfern für die Sache nutzen Menschen mit diesem Thema in der Regel mehr Möglichkeiten, um das in ihren Augen Richtige zu tun, und sie brauchen normalerweise auch ein größeres Publikum, um ihre Ansichten zu vertreten.

Die Gräuel auf der Welt sind für niemanden leicht zu ertragen, aber Friedensstifter halten es für ihre Pflicht, weltweit für Frieden zu sorgen. Sie gehen in die Politik, treten Organisationen wie Greenpeace bei und wollen die Menschen dazu bewegen, sich ihnen anzuschließen. Unter ihnen sind auch hervorragende Redner.

Friedensstifter sollten unbedingt engen Kontakt mit ihrer Familie und ihnen nahestehenden Menschen halten, so wie Menschen mit dem Thema der Verantwortung auch. Sie kommen gut mit dem stilleren Thema der Harmonie klar, oder mit dem der Gesetzeswahrer, das sich durch größere geistige Übersicht auszeichnet.

- Angehörige der Kategorie **Gesetzeswahrer** können genauso aktiv sein wie Menschen mit dem Thema Gerechtigkeit, Kämpfer für die Sache und Bannerträger, nur dass es den Erstgenannten fast zwanghaft um die Rechtmäßigkeit der Dinge geht. Gesetzeswahrer stellen sich in den Dienst ihrer Mitmenschen und sorgen als Ordnungskräfte, Rechtsanwälte, Feuerwehrleute oder Mitglieder in Verwaltungsräten für Sicherheit. Das hat auch seine Berechtigung, sofern sie nicht aus Machthunger sich selbst bedienen, was ich allerdings nur selten erlebt habe, denn Menschen mit diesem Thema sind so sehr mit ihrer Arbeit für das Gemeinwohl beschäftigt, dass ihnen für selbstherrliche Machenschaften keine Zeit bleibt.

• Wer das Thema **Spiritualität** sein Eigen nennt, ist in der Regel sehr engagiert, aber auch weitsichtig, mitfühlend und großzügig. Mitunter werden diese Menschen auf wunderbare Weise für ihre Suche belohnt; aber das Streben nach spiritueller Erfüllung kann sie so kurzsichtig machen, dass sie auch einen Hang zum Okkultismus entwickeln können.

• Vor allem im Hinblick auf Beziehungen kann das **Bauernopfer** eines der verwirrendsten Themen überhaupt sein. Menschen mit diesem Thema können in Situationen, die sie selbst schaffen oder in die sie sich begeben, sehr heftige Reaktionen auslösen. Sie betrachten sich selbst als Zünder, was meistens auch zutrifft. Diese Menschen haben es schwer, Beziehungen zu knüpfen und aufrechtzuhalten, denn die meisten Mitmenschen verstehen nicht, was sie umtreibt. Gandhi war ein solcher Mensch; er wäre für seine Überzeugungen sogar den Hungertod gestorben. Sogar Frau und Kinder rückten in den Hintergrund, als er mit allen Kräften und um jeden Preis die wirtschaftliche Freiheit und Unabhängigkeit Indiens vorantrieb.

Bauernopfer passen gut zu Menschen, deren Thema die Sinnliche Wahrnehmung ist, denn letztere sind mit den eigenen Vorhaben beschäftigt und lassen dem anderen genügend Raum.

• Auf den ersten Blick scheint das Thema des **Überlebens** eher nachvollziehbar, denn wir alle sind Überlebende auf diesem Planeten des Lernens, doch dieses Thema ist weitaus spezifischer. Wer es zum Lebensthema hat, in dessen Brennpunkt steht das Überleben *um jeden Preis*. Auf einer höheren Stufe meistern diese Seelen jede Notlage und helfen auch anderen; in Kriegszeiten können sie Helden oder Friedensaktivisten sein. Anders als die Kämpfer für die Sache oder die Bannerträger sind sie nicht der Ansicht, sie würden für eine Sache kämpfen, sondern lediglich Widrigkeiten überwinden (was ihnen in der Regel auch gelingt). Sie können auch sehr positiv und zielgerichtet sein. Und Hindernisse überwinden sie - sei es frontal oder auf Umwegen.

Menschen mit diesem Thema sind auch gute Geschäftsleute und wollen auf vielen Gebieten erfolgreich sein. Wie die Katalysatoren auch, können sie durchaus mehreren Beschäftigungen gleichzeitig nachgehen. Auf einer niedrigeren Stufe dagegen zeichnen sie sich unter Umständen durch eine gewisse Niveaulosigkeit aus, entschlossen, ihre Sache durchzuziehen, und zwar ungeachtet der Mittel. Manchmal schrecken sie sogar vor kriminellen Machenschaften nicht zurück.

Wenn Sie es mit einem solchen Menschen zu tun haben, so sollten Sie ihm das Zepter überlassen; sobald Ihr Partner aber den Eindruck hat, er werde gebremst, sind Sie passé. Ich war mit jemandem verheiratet, der dieses Thema hatte; mehr muss ich dazu nicht sagen. Dem Menschenfreund geht es mit dem Überleben um jeden Preis nicht gut. Das ist keine Kritik - es ist nur keine gute Verbindung. Ganz anders verhält es sich mit dem Thema der Passivität, denn der Partner mit dem Überlebensthema wird sich um beide kümmern. Auch der Kümmerer passt gut, da er den anderen liebevoll pflegt. Und Drahtzieher harmonieren ebenfalls, denn sie stärken den Überlebenden den Rücken und helfen ihnen, ihre Ziele zu erreichen.

• Das Thema der **Mäßigung** kann besonders schwierig sein, weil es einem Menschen viel abverlangt. Menschen mit diesem Thema neigen zu Extremen, ob mit Drogen, Alkohol, Glücksspielen oder Sex. Es kann auch einen unbedingten Erfolgswillen oder extreme Arbeitswut befördern oder aber ein unbändiges Bedürfnis danach, Kunst oder Musik zu machen. Alles, was diese Menschen auf moderate Weise anscheinend nicht zu Wege bringen, kann ihr ganzes Leben beherrschen und sich zu einer Liebesgeschichte ganz eigener Art entwickeln.

Menschen mit diesem Thema fällt es schwer, andere zu finden, die ihr Leben mit ihnen teilen, denn sie verbreiten gern Chaos. Das führt bei manchen zu Melodramen, Negativität oder Märtyrertum. Auf einer höheren Stufe passt dieses Thema gut zu dem der Harmonie oder des Perfektionismus, denn alle legen Wert auf ein vernunftorientiertes Auftreten.

- Auch mit dem Thema des **Opfers** kann man Probleme haben, manchmal sogar vor allem im Umgang mit einem Betroffenen. Es stimmt, dass einige hoch entwickelte Seelen für einen höheren Zweck auf Erden sind; die Frauen etwa, die als Hexen verbrannt wurden, haben dieses Thema vielleicht gewählt, um der Welt zu zeigen, was geschieht, wenn sich Religion zur Massenhysterie entwickelt. Jeanne d'Arc war ein Opfer allerhöchsten Ranges; sie führte Frankreich von Sieg zu Sieg, aber weil sie Stimmen hörte, wurde sie auf dem Scheiterhaufen verbrannt. Ein anderes tragisches Beispiel sind die Millionen Juden (darunter auch einige entfernte Verwandte von mir), die von den Nazis ermordet wurden. Sie sind Heilige, die der Welt gezeigt haben, was ein grausamer Diktator Unschuldigen antun kann.

Leider geht es bei diesem Thema jedoch auch um Märtyrer, die glauben, die Welt habe sich gegen sie verschworen, und die in Selbstmitleid schwelgen. Was auch immer der Anlass sein mag: Opfer sind überzeugt, die Zielscheibe zu sein. Alles ist in der Lage, ihnen Schuldgefühle zu vermitteln, und sie begeben sich regelrecht auf die Suche nach Menschen und Situationen, die sie ans Messer liefern und ihr geringes Selbstwertgefühl nähren.

Den meisten unter uns wird es schwerfallen zu verstehen, dass einige Menschen mit diesem Thema eher untergehen als es zu überwinden. Das kann allerdings, wie schon gesagt, bei jedem Thema der Fall sein, da man ja aus ihnen lernen und sie überwinden soll, und dieser Aufgabe ist leider nicht jeder gewachsen. Mit diesem Thema sollten Sie also lieber versuchen, das Leben positiv zu sehen, statt immer davon auszugehen, man wolle Ihnen etwas Böses.

Den Betreffenden fällt es unter Umständen sehr schwer, einen anderen Menschen zu finden, weil sie alles als direkten Angriff auffassen können. Trotzdem kann die Verbindung mit dem Analytiker passend sein, denn diese können Opfern helfen auszuloten, warum sie so empfinden. Auch Forscher können ihnen Perspektiven eröffnen, die sie von sich selbst ablenken.

- Das sehr düstere **Täter**-Thema kann, wenn es nicht überwunden wird, aus jemandem einen Mörder oder Verfolger machen. Und wenn diese Menschen ihre Täterschaft nicht physisch ausleben, so tun sie es mental, was genauso schwierig und beängstigend sein kann.

Tatsächlich bin ich nur einem einzigen Menschen mit diesem Thema begegnet, und zwar auf einer Polizeistation in Seattle. Der Mann bat mich, ihm zu sagen, was mit ihm passieren würde (er sollte zu lebenslanger Haft verurteilt werden). Er hatte keinerlei Gewissensbisse; er dachte nur an sich. Im Gegensatz zu anderen Themen, bei denen Liebe, Finanzen und die richtige Handlungsweise eine Rolle spielen, sind Täter nur dann berührt, wenn der eigenen Person Schaden droht.

Auf Anhieb möchte man meinen, dass Opfer gut zu ihnen passen könnten, doch sie scheinen ohne Reiz für sie zu sein, vermutlich weil sie spüren, dass Opfer sich selbst schwer genug zusetzen und sie sie von Haus aus als nicht ebenbürtig einschätzen. Retter erliegen bedauerlicherweise leicht dem Eindruck, sie könnten diesen Typus Mensch schützen. Auch Anhänger müssen auf der Hut sein, um diesen oft charismatischen und überzeugenden Menschen nicht auf den Leim zu gehen.

Um es noch einmal zu betonen: Mir ist klar, dass diese Themen schwer nachvollziehbar sind, aber durch sie lernen wir, wie wir nicht sein sollen, und wir selbst werden in diesem Prozess hoffentlich umgänglicher. Manchmal hilft das Negativbeispiel dabei, selbst eine bessere, gesündere Beziehung zu führen.

Meine Großmutter sagte immer: "Zum Glück - oder leider - gibt es für jeden Topf einen Deckel." Das muss nicht unbedingt erfreulich sein, aber sehen Sie sich nur einmal um: Es gibt die merkwürdigsten Verbindungen, und sie sind immer dazu da, damit unsere Seele sich vervollkommnet. Jede Verbindung, die wir eingehen, dient dazu, etwas zu verstehen, was wir in diesem Leben nicht unbedingt immer erkennen; vielleicht finden wir auch erst im Jenseits heraus, was wir gelernt haben und warum wir uns in unserem Leben schwierige Themen oder Beziehungen ausgesucht haben.

• Als Nächstes möchte ich auf die **Gewinner** zu sprechen kommen, auf die man nicht allzu häufig trifft, es sei denn, man bewegt sich im Dunstkreis eines Donald Trump, Bill Gates, Tiger Woods, einer Oprah Winfrey oder einer Madonna. Gewinner finden sich allerdings nicht nur unter Prominenten, aber diese Namen vermitteln eine Vorstellung davon, wer gemeint ist. Auf einer höher entwickelten Stufe, wie bei den genannten Beispielen, sind Gewinner gegen alle Widrigkeiten gewappnet. Anders als der Überlebende hat der Gewinner sein Ziel genau definiert und kann es auch erreichen. Auf einer niedrigeren Stufe handelt es sich unter Umständen um Menschen, die einem Mann die Frau oder einer Frau den Mann ausspannen - nur um des eigenen Triumphes willen. Sie können auch Kollegen schaden, um sich beim Vorgesetzten beliebt zu machen.

Beim Gewinner schlägt das Pendel heftiger aus als bei anderen Themen; sie sind also bei gutem Charakter wirklich gute Menschen, aber bei schlechtem - nehme man sich in Acht ... Ich habe oft erlebt, dass zum Beispiel ein Kind die Rolle des guten Kindes für sich beansprucht und das Geschwisterkind schlecht gemacht hat, nur um selbst Anerkennung zu bekommen. Dass der Geist der Gewinner in uns allen steckt (in Form von Spiritualität), ist eine wunderbare Sache, aber andere zu benutzen oder Genugtuung über einen gewissenlosen Sieg zu empfinden, ist ein mehr als fragwürdiges Verhalten.

Menschen mit diesem Thema passen gut zu Problemlösern, Katalysatoren und Drahtziehern, weil sie sich gegenseitig anfeuern können.

Es mag so aussehen, als hätte ich mich in diesem Kapitel ausschließlich mit Negativem befasst. Aber ich konnte hoffentlich begreiflich machen, dass wir, wenn wir schwierige Situationen meistern, auch einen Partner finden, der wirklich zu uns passt und uns Freude schenkt. Und unabhängig davon, welches unsere Themen sind, können wir mit den meisten anderen Menschen auskommen. Alles hängt, wie gesagt, auch davon ab, ob der andere sich spirituell mit den eigenen Themen auseinandergesetzt hat. Wenn ja, können die meisten Menschen, gleich welchen Typs, sich in einer Ehe, in einer Freundschaft oder im Rahmen einer Familie zusammentun.

Ich war immer der Ansicht, alle sollten Gewinner sein, sowohl in einer Beziehung als auch in geschäftlichen Dingen - und selbst bei einer Dinnerparty. Beispielsweise ist nichts langweiliger als jemand, der immer über dasselbe redet. Niemand möchte vereinnahmt werden. Zeitweise können wir andere mit ihren Obsessionen durchaus ertragen, aber eben nicht dauerhaft. Ich bin immer verdutzt, wenn Menschen nicht merken, wie sehr sie andere langweilen. Eigentlich müssten sie mitbekommen, dass der Blick starr wird, man unruhig hin- und herzappelt oder ein Gähnen unterdrückt. Im Kontakt mit Freunden und geliebten Menschen müssen wir darauf achten und sie zu Wort kommen lassen. Wir dürfen durchaus etwas spannend finden, aber wir müssen auch den anderen mit seinen Problemen oder Leidenschaften zum Zug kommen lassen.

Viele Beziehungen scheitern, weil nur einer die Kommunikation in der Hand hat und der andere schweigt, weil er meint, er hätte nichts zu melden oder sei nicht klug genug, um sich zu äußern. Wenn Sie in einer Beziehung den dominanten Part spielen, müssen Sie den anderen miteinbeziehen, und sei es nur durch eine simple Frage wie: "Was hältst du davon?" Auf diese Weise gibt man ihm zu verstehen, dass seine Meinung gewürdigt wird. Freundlicher Umgang und Rücksichtnahme gehören zu den wichtigsten Voraussetzungen für eine gute Beziehung.

## KAPITEL 10

# EIN GUTES PAAR

Bevor ich mit den Lebensthemen und deren Auswirkungen auf unsere Beziehungen fortfahre, möchte ich noch einmal auf die Homosexualität zurückkommen. Zwar sorgen gleichgeschlechtliche Partnerschaften noch immer für Schlagzeilen, doch ist Homosexualität so alt wie die Menschheit. Sie ist kein Nebenprodukt der kränkelnden modernen Gesellschaft, wie viele konservative Kirchen oder religiöse Führer uns glauben machen wollen. In vielen alten Kulturen ist Homosexualität gut dokumentiert, und immer schon hat es berühmte Menschen mit homosexuellen Neigungen gegeben, denen die Menschheit zum Teil auch viel verdankt. Ich bin der Ansicht, dass jeder Mensch sich frei für sein Liebe entscheiden soll.

Viele Homosexuelle, die ich kenne und über alles liebe, sind eben keine Seelen, die als Frau gelebt haben und dann in einen männlichen Körper inkarniert wurden oder umgekehrt. Und wenn dies der Fall wäre - was glauben Sie, welche Vorlieben sie dann hätten? Homosexuelle haben oft das Thema des Forschers oder sogar des Verfolgten oder des Opfers. Sie sind auf der Erde, um den Menschen vor Augen zu führen, wohin Borniertheit führt.

Der Aufschrei der Empörung gegen das Recht der Homosexuellen auf Eheschließung (insbesondere durch die Religion) ist lächerlich. Liebe ist Liebe - was also geht es uns an, mit wem sich ein Mensch zusammentut, solange es aus Liebe ist? Das Sakrament der Ehe ist eine Vereinbarung zwischen zwei sich liebenden Menschen. Die Religion sollte sich auf diese Vereinbarung und die Liebe konzentrieren, vor allem angesichts steigender Scheidungsraten, und nicht auf das Geschlecht derer, die den Bund fürs Leben schließen wollen.

## Themen, die gut zueinanderpassen

Zurück zu den Lebensthemen, wobei ich in diesem Kapitel den Fokus auf diejenigen richte, die besonders gut zueinander passen. Allerdings sollen Sie sich nicht bei jedem Menschen fragen, was wohl sein Thema ist, bevor Sie mit ihm Freundschaft schließen oder sich auf eine Beziehung einlassen. Ich möchte lediglich einen genaueren Überblick über unsere Lernprozesse geben. Und ich wette, dass Sie, wenn Sie sich erst einmal näher damit beschäftigt haben, allmählich verstehen, warum Sie sich mit manchen prächtig verstehen, während es mit anderen ist wie mit Katz und Maus.

- Zum **Forscher** passen gut **Problemlöser** und sogar **Katalysatoren.** Letztere, von mir auch gern als das Alka-Seltzer im Wasser bezeichnet, haben Durchsetzungsvermögen, vielleicht nicht so sehr wie die Problemlöser, doch die beiden haben viel gemeinsam.

- Der **Bannerträger** und der **Kämpfer für die Sache** passen gut zusammen. Der Bannerträger demonstriert gegen Ungerechtigkeiten - wobei er sich angesichts der vielen Anlässe leicht verzettelt -, während der Kämpfer für die Sache zu ihm hält und physisch wie verbal die direkte Auseinandersetzung sucht, wenn es ihm die Sache wert ist. Meine Freundin Linda ist so jemand, und sollte ich jemals in der Klemme sein, wünsche ich mir, sie an meiner Seite zu haben. Kämpfer für die Sache passen auch gut zum Thema der Gerechtigkeit.

• Wie bei vielen der Themen, die unmittelbar mit dem Menschen zu tun haben, müssen auch **Heiler** aufpassen, sich nicht das Leiden zuzuziehen, das sie zu heilen versuchen. Für diese Menschen ist es ganz entscheidend, dass sie sich mit "mentalen" Spiegeln schützen, die alles Negative absorbieren, und sich und die Menschen, mit denen sie arbeiten, mit dem weißen Licht des Heiligen Geistes umgeben.

Die meisten Menschen, die im medizinischen Bereich und hier vor allem ganzheitlich arbeiten, haben mit diesem Thema zu tun. Wenn jemand durch Handauflegen heilt, so ist er besonders erfolgreich, wenn die Beziehung zu der zu heilenden Person rein ist. Heiler sollten zudem nie mit der eigenen Energie arbeiten, sondern die göttliche Energie weiterleiten. Das Thema des **Hellsichtigen** passt gut zum Heiler.

• **Intellektualität** gehört zu den Themen, die auf mich stärker wirken als gutes Aussehen oder irgendetwas sonst. Ich finde Menschen, die ihren Verstand benutzen, um zu lesen, zu forschen und Dinge zu erkunden, wirklich sexy. Charles Darwin, Stephen Hawking und Jonas Salk, die ihre Forschungen alle in den Dienst der Menschheit gestellt haben, haben dieses Thema vervollkommnet. Menschen mit diesem Thema passen sehr gut zu **Einzelgängern, Menschenfreunden** und **Problemlösern**.

• Das Thema des **Führers** ist hochinteressant. Zwar sind die Menschen mit diesem Thema nicht so innovativ wie Problemlöser, doch sie sind vorausschauend und stellen sich ihrer Führungsrolle.

Dieses Thema passt gut zum **Anhänger** oder dem **Forscher**, weil der Erstgenannte den Führer nicht aus der Verantwortung entlässt, und der Letztgenannte beider Leben spannender macht, zumal Führer leicht zum Workaholic mutieren, wenn sie keine Abwechslung haben.

• Wie in der Astrologie auch, passen manche Themen besser zu Frauen und andere besser zu Männern. Mit dem Thema des **Kriegers** beispielsweise tun sich Männer leichter als Frauen. Damit will ich nicht sagen, dass Frauen keine Krieger sein können, aber sie sind in der Regel sanfter. Meine Söhne zum Beispiel haben beide dieses Thema (und sorgen eisern für Haus und Familie), ebenso wie meine Enkelin Angelica, die sehr weiblich ist, es aber gar nicht abwarten kann, endlich groß zu sein, alle Tiere zu retten und nach Washington zu gehen, um die Steuergesetze zu ändern.

Diese Seelen sind oft risikofreudig und werden auch größten physischen Herausforderungen gerecht. Mit seinem Satz: "Gott, ich liebe den Krieg!" ist General George Patton die perfekte Verkörperung dieses Themas. Nicht jeder Krieger ist beim Militär, aber diese Menschen setzen sich aktiv dafür ein, jeden geliebten Menschen zu beschützen. Ich habe den Eindruck, dass dieses Thema vielen Männern angeboren ist, denen nicht viel zu verteidigen bleibt.

Menschen mit den Themen **Problemlöser, Harmonie** und **Friedensstifter** mildern das Feuer des Kriegers und passen daher sehr gut zu ihnen.

• Ich habe immer gesagt, dass wir in dieser Welt nicht ohne **Perfektionisten** auskommen. Wahr ist aber auch, dass Mäßigung in allen Dingen das A und O ist. Für Perfektionisten besteht die Herausforderung darin, nicht länger zu glauben, nur sie wüssten, wo es langgeht.

Sie passen sehr gut zu Menschen mit dem Thema der **Harmonie,** weil diese beruhigend auf sie wirken. Menschen mit den Themen

**Geduld** und **Toleranz** geben ebenfalls gute Partner ab, weil sie einsehen, dass Perfektionisten sind, wie sie sind.

❋ ❋ ❋

Erlauben Sie mir am Ende dieses Kapitel noch einen kleinen Abstecher. Ich würde nämlich gern näher auf das Thema des **Hellsichtigen** eingehen. Da es sprichwörtlich darum geht zu sehen, was andere nicht sehen, finden es viele merkwürdig, dass dies nicht mein Thema ist. Das liegt daran, dass ich hellsichtig *bin* und dieses Thema nicht vervollkommnen muss. Jemand mit diesem Thema kann ein Medium oder hellsichtig und/oder hellhörig sein; er kann Dinge aus der Ferne wahrnehmen, Heilungen vornehmen oder Telekinese betreiben; und obwohl die meisten eine oder mehrere dieser Gaben haben, wüsste ich niemanden, der sie alle auf sich vereint. Ich gebe zum Beispiel zu, dass ich kein physisches Medium bin und daher auch keine telekinetischen Fähigkeiten besitze.

Wie von jedem anderen Thema, müssen die Menschen auch von diesem weisen Gebrauch machen und sich darüber im Klaren sein, dass sie das Wissen Gottes und das Wissen aus dem Jenseits lediglich weitergeben, da ihr Lebensentwurf feststand. Die Fähigkeit kann jederzeit zutage treten; Edgar Cayce beispielsweise wurde sie erst in seinem späteren Leben offenbart, wohingegen Peter Hurkos sie angeblich nach dem Sturz von einer Leiter plötzlich besaß. Außerdem nehmen Menschen das Thema des Hellsichtigen allem Anschein nach nur sehr widerwillig an, denn sie haben das Gefühl, nicht normal zu sein, und neigen dazu, es deshalb zu leugnen (ich hatte meine Fähigkeit von Geburt an und hatte durchaus damit zu kämpfen, doch gab es in meiner Familie eine lange Tradition, die mir geholfen hat, diese Gabe mit Gottes Hilfe und mit der richtigen Motivation zu nutzen).

Auf einer niedrigeren Stufe können Menschen mit diesem Thema so genannte Wahrsager werden, die dann vielleicht von dem Fluch erzählen, der angeblich auf einem lastet. Ihre Kenntnisse reichen aus, um einen zu überrumpeln, aber sie benutzen ihr Wissen als Masche. Kein Hellsichtiger liegt hundertprozentig richtig, und wenn jemand behauptet, er könne Ihnen eine Botschaft übermitteln, falls Sie ihm einen bestimmten Geldbetrag zukommen lassen, dann nehmen Sie Ihre Beine in die Hand. So etwas ist nicht rechtens und moralisch verwerflich.

Es gibt hervorragende Hellsichtige, aber derlei Scharlatane schaden ihrem Ruf (diese Erfahrung mache ich selbst hin und wieder). Als anerkannte Hellsichtige müssen wir ständig gegen das Stigma antreten, das uns als Hinterlassenschaft solcher Hochstapler bleibt. Auch in anderen Bereichen wie der Religion, der Medizin, der Rechtspflege und in der Geschäftswelt treten immer mehr Menschen mit zweifelhaftem Ruf auf den Plan. Aufgrund einiger himmelschreiender Skandale, die auch in den Medien für Aufsehen gesorgt haben, sieht es so aus, als gäbe es überall nur Lug und Trug. Aus irgendeinem Grund aber werden Hellsichtige nicht nur von zuständigen offiziellen Stellen in Frage gestellt (womit ich durchaus leben kann), sondern auch von Skeptikern und religiösen Organisationen, oft ohne konkreten Anlass. Seit es Spiritualismus gibt, wurde Hellsichtigen immer schon Besessenheit oder ein Pakt mit dem Teufel unterstellt, wodurch sie jedenfalls dem "Bösen" zugeordnet waren.

Was mich erstaunt, ist, dass man in allen Religionen und vor allem in der Bibel Propheten immer verehrt hat - und man sie heute angreift. Ist Gott etwa eines Tages aufgestanden und hat gesagt: "Schluss jetzt mit den Propheten!"? Hat sich die Gabe der Hellsichtigkeit ganz einfach verflüchtigt? Sind alle Hellsichtigen heute falsche Propheten? Natürlich nicht! Ich habe oft gesagt, dass wir alle mit der Fähigkeit geboren werden, im Kontakt mit Gott zu bleiben, doch unterwegs haben wir sie verloren oder sie uns durch Gesellschaft und Religion austreiben lassen. Man kann die Wahrheit mit Füßen treten und ins Lächerliche ziehen, aber wer sie sehen will, sieht sie dennoch. Hellseherische Fähigkeiten sind eine Tatsache, was auch immer einzelne Organisationen oder Menschen davon halten mögen (man beachte nur, dass im amerikanischen Fernsehen Sendungen wie *Joan of America*, in denen sich ein Jugendlicher an Gott gewandt hat, oder *Medium*, das auf wahren Tatsachen beruht, allmählich ihren Platz haben).

Dadurch, dass sie allmählich ins Bewusstsein rücken, wird es leichter, aber man wird es immer mit Skeptikern zu tun haben. Mit ihnen in Kontakt zu treten, ist insofern interessant, als man die Standhaftigkeit seines Glaubens messen kann. Solange wir uns aus dem Konzept bringen lassen, gleich bei welcher Tätigkeit, sind wir noch nicht so weit.

Bei einem Fernsehauftritt wollte mich ein Skeptiker kürzlich auf die Probe stellen. Noch bevor er loslegen konnte, fragte ich ihn, ob er an Gott glaube. Wenn nicht, gab es nämlich keine Ebene, auf der wir uns hätten begegnen oder einig werden können. Der Mann verneinte, und inzwischen habe ich erfahren, dass er eigenen Anforderungen, wie er sie in einem Test formuliert und seinen Stellvertretern vorgelegt hat, damit diese sie einhalten, angeblich nicht gerecht wird - warum also hätte man seine Publizität fördern sollen? Zudem hatte ich auch das Gefühl, es sei Zeitverschwendung, mich mit ihm im Fernsehen auseinanderzusetzen, wo ich in der Zeit einem anderen Menschen hätte helfen können.

Bei manchen Menschen habe ich mich geirrt, aber in der überwiegenden Zahl der Fälle hatte ich Recht, und unzähligen Menschen konnte ich durch meine gottgegebenen Fähigkeiten helfen. Dass ich relativ berühmt geworden bin, verdanke ich allein diesen Fähigkeiten; wenn es Kritiker also darauf anlegen, mich zu verunglimpfen, so kümmert mich das nicht mehr.

Viele jüngere Hellsichtige berichten mir, dass ihnen schlechte Publicity schon geschadet habe. Ihnen antworte ich: "Solange man sich sicher ist, aus reinen Motiven zu handeln, gilt: Wo gehobelt wird, fallen Späne. Es geht nicht darum, einen Beliebtheitswettbewerb zu gewinnen. Diese Scharmützel dürfen einen nicht erschüttern, denn wenn man deshalb anfängt, an sich zu zweifeln, ist man für das, was man tut, nicht geeignet. Wenn man ruhig schlafen kann und weiß, dass man vor Gott bestehen wird, dann spielt es keine Rolle, was andere sagen. Handelt man jedoch *nicht* aus spirituellen Beweggründen, so wird man die Menschen auch nicht täuschen können."

Manchmal müssen wir uns aufgrund unseres Glaubens auch über Dinge hinwegsetzen und uns durchsetzen. Das spielt keine Rolle, solange wir in unserer Beziehung zu Gott nicht schwanken. Alles andere mag scheitern - das aber nicht. Denken Sie daran, was Christus durchgemacht hat, und dennoch hat er uns nichts als Liebe gelehrt. Wenn ihm das gelungen ist, warum sollten wir uns dann mit weniger zufriedengeben? Wir sind nicht Jesus, aber wir können danach streben, es ihm gleichzutun.

Das Medium John Edward hat einmal zu mir gesagt, ich würde das Feld für diejenigen bestellen, die nach mir kommen. Ich hoffe, dass dem so ist, aber ich wünsche mir auch, dass auf diesem Feld die Liebe Gottes gedeiht und es nicht nur karges Land ist. Deshalb bin ich auch ausgesprochen misstrauisch gegenüber jedem Medium, das nicht tief in seinem Glauben an Gott oder Christus verwurzelt oder zumindest spirituell verankert ist. Ich möchte wissen, nach welchen Grundsätzen sie leben, ob sie wirklich anerkannt sind oder im Auftrag welcher Organisation sie gegebenenfalls handeln. Und wenn es auch stimmt, dass nur Gott allein hundertprozentig richtig liegt, so sollte jeder Hellsichtige, sei es im individuellen Fall oder im Hinblick auf das große Ganze, zumindest überwiegend richtig liegen. Die drehbuchreife Rhetorik, die von angeblichen Medien auf "Hellseher-Hotlines" angeboten wird, setzt auf Masse, mit der bare Münze gemacht werden soll, und nicht auf Genauigkeit.

Gute Hellsichtige haben eine große Anhängerschaft und sind sehr gefragt, und weil sie so genau sind, haben sie auch lange Wartezeiten und verlangen deshalb normalerweise auch höhere Honorare. Ich kenne Hellsichtige, die mehrere Tausend Dollar für ein persönliches Reading berechnen. Meine Arbeit hat auch ihren Preis (700 bis 800 Dollar), aber wie Sie mittlerweile sicher wissen, unterstütze ich mit diesen Geldern auch drei Organisationen, darunter eine Kirche.

Nebenbei bemerkt habe ich die Erfahrung gemacht, dass Menschen das, was ich ihnen in einem persönlichen Reading über ihre Zukunft sage, am Ende doch in Abrede stellen. Sie wissen schon im Voraus, was sie hören wollen, und wenn bestimmte Dinge unerwähnt bleiben, sträuben sie sich. Dadurch lasse ich mich jedoch nicht beirren, weil ich weiß, dass die vorhergesagte Zukunft sich in den meisten Fällen als richtig erweist. Ich habe viele Briefe von Menschen erhalten, die sich gegen meine Vorhersagen wehrten, welche sich dann aber bewahrheitet haben. Ich mache ihnen das nicht zum Vorwurf. Schließlich habe ich selbst, als meine Großmutter mir meine Zukunft vorhersagte, auch gute Miene zum bösen Spiel gemacht und tief im Innern gedacht: Kommt überhaupt nicht in Frage.

"Du wirst unterrichten" und "Du wirst schreiben und zu Tausenden von Menschen sprechen" waren zwei ihrer Aussagen, von denen ich nichts wissen wollte. So viel dazu, wie gut ich damals über mich selbst Bescheid wusste.

Oft steht hinter Menschen mit dem Thema des Hellsehers eine Autoritätsperson, die ihre Fähigkeiten totschweigen will. Hoffentlich lernen sie, mit ihrer Gabe zu leben und sie spirituell sinnvoll zu nutzen. Menschen mit dieser Fähigkeit können mit ihren Partnern auch schwere Zeiten durchmachen, wenn sie ihre Gabe nicht verstehen und sich ihre Empfindungen aufstauen. Das kann für jede Beziehung zur Belastungsprobe werden. Gefühlsmenschen sind eine gute Ergänzung, denn ihr limbisches System ist empfänglich für seelische Belange. Und das Thema der Spiritualität fördert die Erkenntnis, dass diese Wesen ihre Gaben im besten Sinne nutzen, und nicht etwa, um das Ego und die Reputation zu stärken und das Vermögen aufzubessern.

❋ ❋ ❋

Wie schon bemerkt, können sich auf dem langen Weg zur Vervollkommnung fast alle Themen miteinander verbinden, vor allem in ihrer höchsten spirituellen Ausprägung. Wenn sie ihre Wesenszüge jedoch negieren oder nicht ihren Themen entsprechend leben (oder es erst gar nicht versuchen), sind die Beziehungen unweigerlich zum Scheitern verurteilt.

## KAPITEL 11

# GLÜCKLICH BIS ANS LEBENSENDE

Nach den Lebensthemen, die sich so entscheidend auf unsere Beziehungen auswirken, wenden wir uns nun dem zu, was uns alle interessiert: unseren Partnern, Lebensgefährten, Liebhabern und Liebhaberinnen - oder wie man sie auch immer nennen möchte.

Ich habe schon oft gesagt, dass die Menschen sich zwar so intensiv mit Spiritualität beschäftigen wie nie zuvor, aber die meist gestellte Frage lautet dennoch: "Wo ist der perfekte Mann bzw. die perfekte Frau für mich?" Nachdem ich jetzt seit über 50 Jahren Readings für Menschen abhalte, habe ich tatsächlich einige Muster erkannt, wenn es darum geht, den "einzig Wahren" oder die "einzig Wahre" zu finden.

Diejenigen unter Ihnen, die sich eine Beziehung wünschen oder eine bestehende retten wollen, müssen als Erstes den Blick nach innen richten. Fangen Sie mit dem an, was Sie nicht sind. Mit anderen Worten: Sie sind hoffentlich nicht gemein, betrügerisch, grausam, verlogen und so weiter. Wenn Sie definiert haben, was Sie nicht sind, tritt aus diesem Negativgespinst der Schmetterling hervor, der Ihnen vorschwebt.

Kommen Sie dann zu Ihren Pluspunkten oder auch zu dem, was Sie anstreben: freundlich zu sein, spirituell, loyal, dankbar, verbindlich, engagiert oder was auch immer. Das ist Ihr innerer Kern, der Ihnen vielleicht hilft zu bestimmen, wie eine gute Beziehung für Sie aussehen könnte. Dann können Sie auch aus einem anderen Menschen viele der Eigenschaften hervorlocken, die Sie schätzen und bewundern.

Denken Sie immer daran, dass wir auf der Erde sind, um dazuzulernen. Natürlich genießen wir alle das Herzklopfen im ersten Überschwang der Gefühle, aber können wir mit unseren Partnern auch reden? Nicht, dass das Aussehen unwichtig wäre, aber es rangiert doch relativ weit unten auf der Prioritätenliste. Sind wir nicht alle schon Männern oder Frauen begegnet, die physisch attraktiv waren und immer hässlicher wurden, je besser wir sie kennen gelernt haben? Wer sich auf sein Aussehen verlässt, um gut durchs Leben zu kommen, um den ist es schlecht bestellt, denn wie alles im Leben verblüht auch die äußere Erscheinung, während das Licht der Seele niemals verblasst.

Über Kommunikation in der Beziehung sind etliche Bücher geschrieben worden, aber wenn wir uns mit unseren Partnern wohlfühlen, müssen wir gar nicht ständig reden. Manchmal kann man es ganz einfach genießen, zusammen zu sein oder zu wissen, dass der andere bei einem ist. Man kann etwas auch zerreden, und dann ist es wie mit einem immer wieder aufgelegten Song, an dem man sich irgendwann sattgehört hat. Gebrüll und gegenseitige Beschimpfungen sind erniedrigend für einen selbst und den anderen. Positive Bestärkung dagegen funktioniert immer. Wertschätzung, Dankbarkeit und Respekt sollten in einer Beziehung vorrangig sein. Die goldene Regel lautet schließlich seit jeher: Wird man selbst gern mit Schimpfwörtern bedacht, ignoriert, beiseitegeschoben oder erniedrigt?

## Ehrlichkeit in der Beziehung

Wir alle haben aus Märchen, Filmen, Liedern und Songtexten unsere Vorstellung davon, wie Liebe zu sein hat; als Kind haben wir ständig gehört, dass Liebe ewig dauern und rundherum vollkommen zu sein hat, dass wir Hand in Hand der untergehenden Sonne entgegenreiten und glücklich sind bis ans Ende unserer Tage ...

Dann setzt die Wirklichkeit ein. Wir begegnen Menschen, die mit ihren Lebensthemen noch auf einer niedrigeren Stufe stehen oder mit tief sitzenden Problemen kämpfen. Den vollkommenen Menschen finden wir jedoch ohnehin nicht, weil wir selbst nicht vollkommen sind. Und weil auch niemand einen Anspruch darauf hat, allumfassend glücklich zu sein ... Man muss sich sein Glück verdienen. Das klingt hart, aber viele Menschen gehen fälschlicherweise davon aus, dass ihnen im Leben bestimmte Dinge zustehen. Das mag so sein, wenn sie etwas dafür getan haben. Der Umstand allein aber, "ganz ich" zu sein, genügt nicht. Wenn wir das glauben, erleben wir ein böses Erwachen. Das heißt jedoch nicht, dass wir es nicht verdient hätten, einen lieben, reifen Menschen zu finden, vor allem, wenn wir uns ausführlich mit uns selbst auseinandergesetzt haben.

Keine Beziehung ist hundertprozentig vollkommen, aber alle Beteiligten sollten sich hundertprozentig Mühe geben. Natürlich wird Ihr Partner das eine oder andere besser können als Sie, aber dafür gibt es auch viele Möglichkeiten, wie Sie umgekehrt ihm oder ihr das Leben erleichtern können.

Ich habe den Eindruck, dass über Beziehungen so viel geschrieben worden ist, dass wir gar nicht mehr wissen, wie wir uns eigentlich verhalten sollen. Anders ausgedrückt: Wenn wir das Gefühl haben, wir müssten etwas ganz Bestimmtes tun, um jemandem zu gefallen, dann wird die Maske irgendwann fallen, und ganz gleich, wie uns der andere wahrgenommen hat - es wird nicht mehr so sein wie zuvor, und die Beziehung wird auseinandergehen.

Angst vor Ablehnung kann dazu führen, dass wir meinen, uns so verhalten zu müssen, wie es der andere gern hätte. Das kann nicht gut gehen, zumal es sehr anstrengend ist. Der gute Rat lautet: Authentizität oder Ehrlichkeit (wie auch immer man sie definiert) - man sollte mit allem, was man glaubt und ist, ganz man selbst sein und mit nichts hinter dem Berg halten. Dann kann man auch sicher sein, um seiner selbst willen geliebt zu werden, und nicht deshalb, weil man irgendeiner Vorstellung zu entsprechen versucht.

Einer der wichtigsten Schlüssel zu einer funktionierenden Beziehung ist die Einsicht, dass eine Beziehung nicht vollkommen sein und nichts und niemand auf der Welt uns dauerhaft verbiegen kann. Heutzutage beispielsweise sind alle Männer angeblich mit Prostataproblemen geschlagen und Frauen mit der "hormonellen Umstellung", so dass sie nicht mehr miteinander schlafen. Meine Eltern waren auch mit über achtzig noch sexuell aktiv, denn niemand hat ihnen gesagt, dass das nicht ginge (und wenn doch, so hat es sie zumindest nicht anhaltend beschäftigt oder impotent gemacht).

Man schläft nicht nur miteinander, um Kinder zu zeugen (was wichtig ist); vielmehr geht es darum, *eins* zu werden mit dem geliebten Menschen. Es ist die sexuelle Zelebration zweier Körper und Seelen, die miteinander verschmelzen. In der ersten Euphorie scheint alles perfekt zu sein, bis das wirkliche Leben sich zu Wort meldet, mit Arbeit, Finanzen, Rechnungen, Kindern, Geburt und Tod - und die Leidenschaft sprichwörtlich verfliegt.

Wenn es allerdings nur der Sex ist, der einen zusammenbringt, darf man sich auf Enttäuschungen gefasst machen. Man kann fantastischen Sex mit jemandem haben, aber im Kern sollte es um das Wesen des anderen gehen. Ist Ihr Partner aufrichtig, ehrgeizig, beständig, engagiert und loyal? Geht er oder sie auf Ihre Bedürfnisse und Empfindungen ein, und kann er Ihnen unter die Arme greifen, wenn es sein muss? Wie geht er mit anderen um? Wenn er zu Ihnen nett ist und zu anderen ekelhaft, dann ist es nur eine Frage der Zeit, bis auch Sie an der Reihe sind. Respektiert dieser Mensch Sie und Ihre Ansichten und auch Ihre Haltung in spirituellen Dingen? Diese Fragen und viele andere mehr sollte man sich stellen, bevor man sich dauerhaft auf jemanden einlässt.

Im Zusammenhang mit der Sexualität möchte ich auch auf sexuelle Fehlfunktionen eingehen, die eine Vielzahl von Ursachen haben können. Das Gefühl, verletzt worden zu sein, kann genauso eine Rolle spielen wie die Angst, sich zu verlieren, was meistens wenig mit dem eigentlichen Liebesakt zu tun hat. Sogar ein früheres Leben, in dem es zu Gewalt oder Vergewaltigung gekommen ist, kann als Nachklang der Vergangenheit präsent sein, genauso wie Belästigungen in *diesem* Leben.

Wenn miteinander zu schlafen zur lästigen Pflicht geworden ist, hat sich höchstwahrscheinlich etwas ganz anderes ins Schlafzimmer eingeschlichen. Wenn man sich in allen übrigen Räumen schäbig verhält und Streit sucht, kann man nicht erwarten, dass sich das im Schlafzimmer in Luft auflöst. Ständige Kritik führt zu nichts; sie kann sich genauso anfühlen wie permanente Schläge unter die Gürtellinie. Anders dagegen ein Satz wie: "Du unterstützt mich nicht so, wie ich es mir wünsche." Das ist ein ehrlicher Hilferuf. Wenn Sie bis zur Besinnungslosigkeit schuften und Ihr Partner nur die Früchte Ihrer Arbeit genießt, ist es keine Kritik zu sagen: "Du musst mir helfen, damit wir unser bisheriges Leben auch weiterleben können, du kannst nicht immer nur faulenzen."

Vorwürfe wie "Du gibst zu viel Geld aus" oder "Du beachtest mich überhaupt nicht" oder "Wir reden überhaupt nicht mehr miteinander" oder "Es ist nicht mehr so, wie es war" sind Nörgelei, vor allem der zuletzt zitierte Satz: Nichts kann so bleiben, wie es war, weil das Leben uns auf eine Reise schickt, bei der es um Veränderung geht. Das Leben ist unvollkommen und chaotisch; es gibt Herzschmerz, Enttäuschungen, Ärger, Flauten, finanzielle Probleme, Tod und haufenweise Herausforderungen. Zu oft scheitert eine Beziehung schon, wenn sie zum ersten Mal auf die Probe gestellt wird - wo es doch eigentlich heißen sollte: "Ich bleibe als Freund und Helfer an deiner Seite bis ans Ende unserer Tage."

Man nehme nur die eigentliche Hochzeit - ohne Blumen, Kleid, Anzug und Empfang: Übrig bleibt eine sehr ernsthafte religiöse Zeremonie, in deren Vordergrund das feierliche Versprechen steht, das man einander vor Gott gibt. Und aus irgendeinem Grund verlieren wir Gott und die Spiritualität mit der Zeit aus den Augen und stehen irgendwann ohne gemeinsame Religion oder gemeinsamen Glauben da, auf den wir bei diesem Unternehmen, das sich doch über ein ganzes Leben erstreckt, bauen könnten.

Auch zu einer Trennung gehören zwei, wobei es auch Ausnahmen gibt. Wir haben uns zum Beispiel vielleicht jemanden ausgesucht, von dem wir ernsthaft annahmen, er habe dieselbe spirituelle Treue wie wir, um dann festzustellen, dass er oder sie einem nur etwas vorgemacht hat. In dem Fall hat der andere sein Versprechen gebrochen oder ein falsches gegeben. Die wunderbare spirituelle Grundlage, die Sie mit Ihrem Partner schaffen wollten, wird so zerstört.

Unter meinen Geistlichen sind viele verheiratet, aber keiner von ihnen ist geschieden. Nicht, dass Novus Spiritus grundsätzlich dagegen wäre, aber diese Geistlichen und ihre Ehefrauen verbindet der gemeinsame Glaube und ihr Wissen darum, dass jeder auf seiner lebenslangen Reise dazulernt. Wir beraten uns auch gegenseitig in spirituellen Fragen und lassen durchaus auch einmal Dampf ab, um dann wieder zu der gemeinsamen Basis zurückzukehren.

Gott weiß, dass eine Scheidung unter bestimmten Umständen unvermeidlich ist. Natürlich kann man nicht mit jemandem zusammen bleiben, der einen misshandelt, betrügt oder bestiehlt. Aber die Tatsache, dass Sie die falsche Wahl getroffen haben, bedeutet nicht, dass Sie Ihr Versprechen nicht gehalten haben. Nur weil der andere seines gebrochen hat, sollte man selbst nicht verbittert sein. Machen Sie weiter, und eines Tages werden Sie erneut lieben - und bei der Wahl Ihres Partners dann hoffentlich ein besseres Händchen haben.

In meinen Readings mache ich oft auch die Erfahrung, dass Menschen ihre Muster gern beibehalten. Sie heiraten nach einer Scheidung jemanden, der vielleicht anders aussieht, aber vom Wesen her ähnlich ist wie der Vorgänger oder die Vorgängerin. Dann müssen Sie Bilanz ziehen und sich darüber klar werden, warum Sie sich immer wieder auf diese Art von Beziehungen einlassen. Wollen Sie sich bestrafen oder jemanden retten? Erst wenn solche Dinge korrigiert sind, gibt es eine gesunde Basis für eine Beziehung. Machen Sie sich also auf die Suche nach sich selbst und Ihrem gottgegebenen Wesen - in der Überzeugung, Liebe und Respekt zu verdienen.

## Die Wahrheit über Seelenverwandtschaften

Im Folgenden würde ich den Begriff der Seelenverwandtschaft gern ein für allemal in den richtigen Zusammenhang stellen. Seelen existieren immer paarweise, wie Zwillinge. Mein Geistwesen Francine drückt es so aus: "Jeder Mensch wurde als Zweiwesenheit geschaffen - als Mann und Frau." Mit anderen Worten: Es gibt eine andere Hälfte, die fast immer im Jenseits bleibt. Nur selten inkarniert ein Seelenverwandter zusammen mit seiner Zwillingsseele, aber wir haben das Glück, andere gute Seelen auf der Erde zu haben, die wir von Herzen lieben, wie unsere Freunde und geliebte Menschen, die uns viel bedeuten.

Tatsächlich gibt es in diesem (oder einem anderen) Leben viele Menschen, die uns genauso viel bedeuten können wie ein Seelenverwandter. Mein hellsehender Sohn Chris sagte vor vielen Jahren einmal Folgendes zu mir: "Vielleicht habe ich in früheren Leben schon andere Mütter gehabt, aber tief in meinem Herzen weiß ich, dass ich dich am meisten liebe." Ein Kind, ein Verwandter, ein Enkelkind oder aber ein Freund kann hier und im Jenseits eine verwandte Seele sein. Schließlich haben wir auch im Jenseits nicht nur eine Person um uns und lassen alle anderen geliebten Menschen, denen wir begegnet sind, hinter uns. Laut Francine sind wir sogar meistens eher nicht mit unseren Seelenverwandten zusammen. Wir haben zwar eine besondere Beziehung zu ihnen, aber die ist nicht unser Ein und Alles.

Ich bin auch überzeugt davon, dass Jesus nicht nur die Ehe meinte, als er sagte: "Was Gott verbunden hat, soll der Mensch nicht trennen." Ich glaube, hier waren auch Gefühl und Verstand gemeint. Jesus bezog sich auf Beziehungen jeder Art, denn auch hier gilt, dass niemand alles für einen sein kann, wenn man selbst kein vollständiger Mensch ist. Deshalb ist auch die Vorstellung von der Seelenverwandtschaft mitunter so missverständlich, zumal diese Seele, wie bereits erwähnt, so gut wie immer im Jenseits bleibt.

Der Seelenverwandte gibt uns also das Gefühl, ein vollständiger Mensch zu sein und quasi ein tieferes Verständnis von uns selbst zu haben. Doch wie Francine sagt: Wenn Seelen inkarnieren, entscheiden sie sich in der Regel dafür, mit anderen zusammen zu sein oder andere zu heiraten. Wir machen zahllose Erfahrungen, und manchmal wächst eine Seele auch über die andere hinaus (was auch im Leben so ist, wenn der eine Mensch sich weiterentwickelt und sein Partner stehen bleibt). Natürlich bleiben beide miteinander verbunden, und es heißt auch nicht, dass der oder die Seelenverwandte nicht weiter auf einen achtgeben oder einen nicht mehr lieben würde; Sie werden sich bis in alle Ewigkeit nahe sein. Statt also nach der oder dem einen Seelenverwandten Ausschau zu halten, genießen Sie die Beziehungen zu all den wunderbaren Menschen, die Sie in diesem und aus anderen Leben und sogar im Jenseits kennen und lieben.

Wir alle spüren, wenn wir einem seelenverwandten, liebenden Menschen begegnen. Wenn man nach der einen, perfekten Person sucht, legt man es auf ein Scheitern geradezu an, allein schon, weil man selbst nicht perfekt ist. Es heißt, dass Liebe alles überwindet, und wenn Sie in einer Beziehung leben, die von Großzügigkeit, Respekt und Fürsorge geprägt ist, dann werden auch Sie diese Erfahrung machen.

## Die Dinge sind oft anders, als sie scheinen

Liebesbeziehungen können so unterschiedlich sein wie alles andere im Leben. Oft urteilen wir nach dem Aussehen, wenn es darum geht, ob bestimmte Menschen zueinander passen. Es heißt also oft: "Was findet sie bloß an ihm?" Ich denke an ein Paar, mit dem ich vor ein paar Jahren befreundet war; er sah aus wie ein Filmstar, sie dagegen eher wie Lieschen Müller. Es fiel erst schwer zu begreifen, woher die Anziehung rührte, aber nach einer Weile kam ich dahinter. Ungeachtet seines guten Aussehens hatte er etwas Zwanghaftes an sich und war unsicher, während sie ein überschäumendes Temperament hatte und ihm Halt gab. Schließen Sie also nie vom äußeren Schein auf die Seele eines Menschen.

Kürzlich sah ich einen Tierfilm und erfuhr zu meinem Erstaunen, dass Hausschweine, wenn sie in die Wildnis entlassen werden, sich auf ihre Herkunft besinnen und sich nach ein paar Generationen ihren Cousins, den Wildschweinen, anverwandeln. Ihnen wachsen dann sogar Stacheln und Stoßzähne. Was bedeutet das, übertragen auf unsere Beziehungen? Nun, manchmal wirken sich die schlechten Einflüsse um uns herum negativ auf uns aus; wenn wir also einen Partner suchen, ist es gut, das Umfeld dieses Menschen näher zu betrachten. Es mag vielleicht nicht fair sein, aber wir werden auch danach beurteilt, mit wem wir Umgang haben. Gleich und Gleich gesellt sich gern, und wenn Sie der Außenseiter sind, wird man Ihnen nie Zugang gewähren, so sehr Sie sich auch bemühen. Zwar gibt es auch Menschen, die sich in Abhängigkeit begeben und im Leben alle Hoffnung fahren lassen, aber meiner Erfahrung nach sind das entweder lichtlose oder sehr junge Gemüter, die noch zu unerfahren sind.

Lichtlose Wesen tragen nie Schuld, haben immer Recht und leben in einer Welt, in der nur sie allein zählen. Wenn Sie mit solchen Menschen in Kontakt kommen, machen Sie sich aus dem Staub; es gibt weder einen logischen noch einen spirituellen Grund, weshalb Sie Ihre Zeit damit vergeuden sollten, sie zu retten. Christus hat uns ermahnt, unsere Perlen nicht vor die Säue zu werfen - warum also sollten wir es tun? Es gibt so viele wunderbare Menschen, die einen wertschätzen und nicht nur deshalb um sich haben wollen, weil man ihnen zu Diensten ist. Jede Beziehung muss ein Geben und Nehmen sein, oder aber sie ist der Mühe nicht wert.

Es heißt zwar auch, dass Gegensätze sich anziehen - woraufhin meine Großmutter immer ergänzte: "Aber sie bleiben nicht beisammen." Natürlich will man niemanden, der genauso ist wie man selbst. Was einen anfangs möglicherweise bezaubert - man mag Violett und der andere auch, oder Teddybären oder was auch immer -, ist auf Dauer unerträglich. Es scheint dann, als hätten diese Menschen die eigene Identität angenommen. Man lebt besser allein als in einer solch parasitären Verbindung.

Psychologen erklären ein solches Verhalten damit, dass die Betroffenen unnahbare Eltern hatten und sich folglich, wann immer es geht, einem Menschen anpassen, um Anerkennung zu bekommen. Ich glaube, dass wir derlei Dinge in uns aufnehmen und viel von jemandem lernen können, der eine solche Persönlichkeit hat. Schließlich will niemand in seiner Beziehung den Therapeuten beziehungsweise Mutter oder Vater spielen. Wir alle wünschen uns eine gleichberechtigte, ausgeglichene Partnerschaft.

Denken Sie nie, ein Mensch sei es wert, dass Sie Ihre Beziehung zu Gott aufgeben. Es gibt Zeiten, in denen man meint, sterben zu müssen vor Schmerz (oder es sich wünscht). Das spirituelle Wissen hilft einem, solche Phasen zu überstehen und weiterzuleben - und eines Tages auch wieder zu lieben.

Natürlich ist ein Lebensentwurf dazu da, dass man dazulernt, so dass man vielleicht dazu neigt zu sagen: "Wenn es für mich ausersehen ist, kann ich es nicht ändern." Sie haben sich Ihr Leben mit den dazugehörigen Lektionen zwar ausgesucht, aber wenn auf dem Weg, den Ihr Lebensentwurf vorsieht, ein Felsbrocken liegt, heißt das nicht, dass Sie sich darauf ausruhen sollen. Gehen Sie um ihn herum, oder klettern Sie über ihn hinweg, damit Sie auf der anderen Seite des Lebens Ihr Glück finden. Dieser Felsbrocken ist dazu da, Ihre spirituelle Stärke auf die Probe zu stellen.

Solche Tests sind Teil unseres Lebensentwurfs, genauso wie die Fähigkeit, sie zu bestehen. Vielleicht finden wir ja auf die Spur zurück, aber manchmal machen wir es uns unnötig schwer. Die Welt und das menschliche Dasein sind verwirrend und stumpfen uns manchmal sogar ab. Es ist ein Wunder, dass wir nicht noch verwirrter sind angesichts dieser Hölle auf Erden mit allen möglichen, sich überlagernden Verhaltensweisen aus früheren Leben und allen zusätzlichen Konditionierungen durch Filme, Fernsehen, Bücher und Sonstiges.

## Mehr über gleichgeschlechtliche Beziehungen

Im Zusammenhang mit der Liebe und den Herausforderungen des Lebens möchte ich auf ein Thema zurückkommen, dem sich die allerwenigsten Menschen unter dem Aspekt der Logik zuwenden. Man mag für oder gegen gleichgeschlechtliche Beziehungen sein, aber ich bin der Ansicht, wir sollten die Menschen lieben lassen, wen sie lieben wollen, und nicht fragen, warum. Ich erinnere mich an eine meiner Lehrerinnen, die im Zusammenhang mit Liebe und Literatur einmal sagte: "Ich glaube, es tut nichts zur Sache, wen oder was wir lieben, denn Gott *ist* Liebe." Jesus hat sich zu Homosexualität nie geäußert; sie wird nur im Alten Testament erwähnt, und da sollte die Bevölkerung wachsen, um der Religion mehr Anhänger zu bescheren.

Viele Homosexuelle haben beschlossen, auf diese Weise zu inkarnieren, um die Menschen darüber aufzuklären, dass sie auf jede Weise lieben können. Ich habe zum Beispiel einen homosexuellen Freund, der aidskrank ist und anderen dennoch hilft und ein Vorbild für uns alle ist. Er ist außerordentlich liebenswürdig und fürsorglich, und ich habe ihm für meine Forschungen und meinen spirituellen Weg viel zu verdanken.

Ich habe so viele geliebte Menschen durch Aids verloren, dass ich immer außer mir bin vor Wut, wenn mir Engstirnigkeit und Kleinmut begegnen. Diese Art der Bigotterie kann es einem sehr schwer machen, tolerant zu sein. Mein Fazit lautet: Suche dir sehr gut aus, was du verachtest, denn vielleicht wirst du in einem anderen Leben mit genau diesen Eigenschaften bedacht. Lebe also dein Leben und lass' andere ihres leben, sonst wird dir selbst einst ein solches Leben zugemutet.

Die Menschen spielen sich zu Richtern auf, wenn sie andere in ihrer Freiheit, jemanden zu lieben oder ein anderes, legitimes Leben zu leben, beeinträchtigen. Ich kann mich aber nicht erinnern, dass Jesus jemanden zum Richter darüber berufen hätte, wen wir lieben und nicht lieben sollen.

Eine solche Denkweise tritt auch bei anderen Vorurteilen zutage, wenn beispielsweise ein Schwarzer einen Weißen liebt oder Angehörige verschiedener Ethnien oder Glaubensrichtungen sich zusammentun. Amüsant ist, dass wir uns im Jenseits mit jedem Wesen verbinden können, ohne dass jemand nach unserem Geschlecht fragt: Dort gibt es nur Seelen, die andere Seelen lieben.

Je weiter wir uns spirituell entwickeln, desto deutlicher erkennen wir, dass es nichts Neues unter der Sonne gibt und jeder Einzelne zu der vielstimmigen Symphonie beiträgt, und die sollte harmonisch klingen. Warum machen wir es uns mit unseren Beziehungen so schwer und führen Alter, Hautfarbe, Rasse, Glauben, Raum oder Zeit ins Feld? Warum treiben wir uns auseinander, statt zu genießen, dass wir zusammen sind?

❋ ❋ ❋

## Die Zutaten für eine erfolgreiche Beziehung

Für jede erfolgreiche Beziehung benötigt man mehrere Grundzutaten, an die manch einer vielleicht nicht einmal denkt. Als Erstes braucht man eine ordentliche Dosis an Spiritualität. Viele verstehen schon den Begriff falsch, weil sie Spiritualität mit einer Form von Religion gleichsetzen. Religion kann für den spirituellen Findungsprozess hilfreich oder abschreckend sein, aber man muss keinen Glauben praktizieren, um ein spirituell erfolgreiches Leben zu führen. Anders ausgedrückt: Religion sagt nicht unbedingt etwas darüber aus, ob man ein guter Mensch ist! Um es auf den Punkt zu bringen: Spirituell zu sein, heißt zu *versuchen, der bestmögliche Mensch zu sein und sein Bestes für Gott zu geben*.

Wir sind alle nur Menschen, und wir machen Fehler oder scheitern womöglich. Ein reiner Beweggrund kann Fehler oder ein Scheitern wieder gutmachen, während niedere Beweggründe erschwerend wirken. Aus Liebe zu heiraten ist beispielsweise ein reiner Beweggrund; wegen des Geldes zu heiraten dagegen nicht. Die entscheidende Komponente beim reinen Beweggrund ist die Liebe, die auch die entscheidende Komponente im Leben ist.

Wenn Sie etwas aus niederen Beweggründen tun, stellen sich als natürliche Begleiterscheinung immer Schuldgefühle ein (außer bei einem lichtlosen Menschen), weil sie direkt mit dem Gewissen zusammenhängen. Jeden von uns haben schon einmal Gewissensbisse geplagt, weil wir aus unguten Motiven heraus etwas getan haben, worauf wir nicht stolz sein konnten. Das kommt vor, weil wir Menschen eben auch menschliche Regungen haben. Machen wir mit entsprechenden Motiven immer so weiter, bewegen wir uns auf spiritueller Ebene abwärts. Wenn wir dagegen etwas tun, was einen anderen verletzt, ohne dass es unsere Absicht war, bleibt die spirituelle Ebene davon unberührt. Ein Autounfall etwa, bei dem jemand zu Schaden kommt, verursacht Schuldgefühle, aber es war keinerlei Absicht vorhanden, jemanden zu verletzen. Wenn Sie aber durch eine aggressive Fahrweise jemanden beispielsweise von der Straße abdrängen, dann war eine solche Absicht durchaus gegeben, weil Sie die Beherrschung über sich verloren haben.

Wir haben alle unsere Fehler, und wenn wir bessere Menschen werden wollen, müssen wir sie nicht nur erkennen, sondern auch daran arbeiten, sie zu überwinden. Der Weg dahin führt über bedingungslose Liebe und Toleranz.

Bedingungslose Liebe heißt, Liebe zu schenken, ohne sich im Gegenzug etwas davon zu versprechen. Wir erleben das oft im täglichen Leben, wenn Eltern ihre Kinder lieben, obwohl es vielleicht nicht die bravsten Jungs oder Mädchen sind. Zu bedingungsloser Liebe gehört wahre Vergebung; denn nur, wenn unsere Gefühle nicht an Bedingungen geknüpft sind, können wir die Verfehlungen derer, die wir lieben, auch wirklich verzeihen. Um bessere Menschen zu werden, sollten wir so viel wie möglich lieben, ohne auf eine Belohnung zu hoffen. Unsere Liebe sollte fließen und durch nichts eingeschränkt sein. Das Wunderbare an der Liebe ist, dass sie unweigerlich zu einem zurückkommt, auch wenn sie nicht in dieser Absicht geschenkt wurde, entsprechend dem universellen Gesetz Gottes: Alles, was du aussendest, kehrt zu dir zurück.

Die Menschen suchen immer nach handfesten Regeln, wenn sie einen Partner suchen oder ihre Ehe retten wollen (dabei gibt es keine!), aber niemand sagt, wie wichtig es ist, sich selbst zu lieben. Ich habe eine Freundin, die, wie ich, keinen Ehemann hat, aber wir gehen zur Maniküre und zur Fußpflege und zum Friseur, und wir tun es für uns selbst. Selbst wenn ich krank bin, nehme ich ein Bad, wechsle mein Nachthemd, putze mir die Zähne und kämme mein Haar. Es tut nichts zur Sache, dass das außer mir niemand mitbekommt.

Obwohl uns das Leben teilweise genügend zusetzt, plädiere ich nicht dafür, dass wir uns gehen lassen, sobald wir uns in einer Beziehung eingenistet haben. "Liebe mich so, wie ich bin" ist das Eine, aber schmutzige Kleidung und fettiges Haar wirken auf niemanden anziehend; sie sind vielmehr der Ausdruck mangelnder Achtung gegenüber sich selbst und dem anderen. Etwas an Gewicht zuzulegen (etwas, wohlgemerkt!) ist in Ordnung, denn man soll sich wohlfühlen in seiner Haut; Fettleibigkeit dagegen schadet nicht nur der Gesundheit, sondern auch dem Selbstwertgefühl.

Wenn Sie und Ihr Partner zusammenhalten, können Sie vielleicht auch gemeinsam eine Diät durchstehen, alte Gewohnheiten ablegen oder sich in jeder Hinsicht gegenseitig annehmen. Wie schon gesagt: Spiritualität heißt nicht bloß beten, sondern sich kümmern, liebevoll, rücksichtsvoll und umsichtig sein. Das ist gemeint, wenn es heißt, man solle der Lehre Christi (oder vergleichbaren Lehren) folgen. Gütig zu sein ist das, was Gott uns aufgetragen hat und weswegen wir hier sind.

Andererseits empört es mich, Dinge zu hören wie: "Man kann gar nicht reich (schlank etc.) genug sein", denn dadurch lässt man so wichtige Aspekte einer Person wie Vertrauen und Spiritualität völlig außer Acht. Es ist eben etwas übertrieben, keine Schönheitsoperation auszulassen. Ich habe zwar auch schon eine Laserbehandlung hinter mir und mir hier und da Botox spritzen lassen, aber ich möchte dennoch meinem Alter entsprechend aussehen und in Würde altern. Vor kurzem saß ich in Los Angeles mit einer Freundin im Restaurant, und wir beobachteten lauter Blondinen, die das Haus verließen und alle gleich aussahen - so "gestrafft", als wären sie mit 180 Sachen auf dem Motorrad unterwegs gewesen. Unser Gedanke war: "Nichts wie weg hier - das könnte ansteckend sein!" Draußen sahen wir, dass sich über dem Restaurant die Praxis eines plastischen Chirurgen befand.

Wenn Sie wirklich in Ihrem Leben beeinträchtigt sind - etwa schwer durch die Nase atmen oder kein Kinn haben oder was auch immer -, dann sollten Sie auf jeden Fall auch das machen lassen, was Ihnen vorschwebt. Wenn man aber Veränderungen an sich vornehmen lässt, nur weil man befürchtet, der Ehemann könnte einen wegen einer Jüngeren oder einer besser aussehenden Frau verlassen, dann darf man sich auf Enttäuschungen gefasst machen. Haben Sie je darüber nachgedacht, wie sich ein jugendliches, straffes Gesicht auf einem alten Körper macht? Das ist so, als hätte man Ihren Kopf auf einen anderen Körper transplantiert - oder umgekehrt. Wenn Sie nicht genügend Selbstvertrauen haben und Ihre innere Schönheit nicht wahrnehmen, dann helfen auch keine äußeren Nachbesserungen.

Die Schauspielerin Billie Burke (die gute Hexe Glinda in *Der Zauberer von Oz*) war mit dem Theaterproduzenten Florenz Ziegfeld jr. verheiratet, und es hieß, sie würde morgens eine halbe Stunde vor ihm aufstehen und ihr Make-up auflegen, um hübsch auszusehen, wenn er wach wurde. Ich glaube, sie war sich ihrer nicht so sicher wegen all der hübschen Mädchen, die ihn von Berufs wegen umgaben, aber sie blieben bis zu seinem Tod zusammen. Ich bezweifle, dass das Make-up dafür ausschlaggebend war; ich glaube vielmehr, dass sie sich mit Respekt begegneten. Sie hat ihm auf ihre Weise auch gezeigt, wie viel ihr an ihm lag (auch wenn es anstrengend klingt), und anscheinend hat er es zu schätzen gewusst.

Unglaublich unfair geht es meines Erachtens zu, wenn es um jüngere Ehepartner geht. Dass der Mann älter ist, scheint nichts auszumachen; im Zweifelsfall gilt er als toller Hecht. Aber wehe, die Frau ist die Ältere, wie es beispielsweise bei Demi Moore, Celeste Holm oder Martha Raye der Fall ist, dann hagelt es kritische Kommentare. Ich sage: Wenn es zwei Menschen glücklich macht, soll man sie auch lassen. Die Seelen finden zueinander, und Alter, Zeit, Kultur und Hautfarbe stellen keine Hindernisse dar, wenn eine Seele sich spirituell mit einer anderen verbindet.

Woher aber weiß man, ob man sich auf der seelischen Ebene begegnet? Zunächst einmal muss man der Beziehung Zeit geben; in eine Sache hineinzurauschen, vor allem, wenn es sich um eine lebenslange Verpflichtung wie die Ehe handelt, ist töricht. Dann sollten Sie sich mit Vorlieben und Abneigungen, finanziellen Vorstellungen und spirituellen Überzeugungen vertraut machen; religiöse Vorlieben lasse ich unerwähnt, denn wahre Spiritualität zeigt sich in der Begegnung auf einer höheren, rationaleren Ebene.

Lassen Sie mich in dem Zusammenhang betonen, wie schade ich es finde, dass zwei Menschen, die eigentlich glücklich miteinander verheiratet sind, sich dennoch so viel Missgunst zumuten. Da werden Fragen gestellt wie: "Könntest du nicht ein klein wenig sein wie Helen?" oder "Warum bist du nicht so ein Ehemann wie Bill"? oder "Diese beiden führen eine perfekte Ehe - warum ist unsere nicht genauso?" Das ist eine tödliche Einbahnstraße. Wenn Sie so empfinden, versuchen Sie daran zu denken, warum Sie diesen Menschen geheiratet haben. Natürlich hat er sich verändert, aber das gilt auch für Sie. Statt also eifersüchtig auf das Glück anderer zu schielen, sollten Sie Ihrem Mann oder Ihrer Frau lieber Folgendes zu verstehen geben: "Ich bin froh, dass ich dich und nicht jemand anderes geheiratet habe." Das tut auch gut, um alte Wunden zu heilen und über verletzende Bemerkungen hinwegzukommen.

## Im Leben gibt es immer Freude

Ob wir in einer Liebesbeziehung sind oder nicht, das Leben schenkt uns verlorene Liebe, Enttäuschungen durch Familienmitglieder, plötzliche Leere, wenn die Kinder das Haus verlassen (Gott sei Dank nicht bei mir), hormonelle Veränderungen, Untreue, Einsamkeit, Tiefs, Tod, Krankheit, verlorene Freundschaften, Karriereknicks, Umzüge und finanzielle Probleme - aber auch Kinder und Enkelkinder, anhängliche Haustiere, Freunde, die einem bleiben und mit denen man lachen kann, und zig andere Wohltaten. Es tröstet uns zu wissen, dass wir geliebte Menschen, die verstorben sind, wiedersehen werden. Wir werden reifer und verstehen, dass wir gar nicht so viel brauchen, wie wir meinen. Wir haben aufrichtige Freunde und Menschen, die wir lieben.

Jemand hat einmal zu mir gesagt: "Wenn du nicht verheiratet bist, wirst du allein sein, wenn du stirbst." Zunächst einmal stirbt niemand allein. Wir kommen allein zur Welt, aber Sterben heißt, weiterzufeiern mit denen, die wir lieben. Ich war dreimal verheiratet, und nur weil diese Ehen nicht gehalten haben, bin ich nicht verbittert oder fühle mich allein. Ich habe im Gegenteil viel über mich gelernt, etwa dass ich, was mich oder meine Liebespartner betrifft, wirklich keine hellseherischen Fähigkeiten habe. Vielen Männern würde das Zusammenleben mit mir wegen meiner starken Bindung an meine Familie auch schwerfallen. Außerdem ist mein Terminplan nicht ohne - ich reise, schreibe, mache Readings, wirke bei polizeilichen Ermittlungen mit, habe Fernsehauftritte, antworte auf viele Briefe, unterstütze meine Geistlichen und erteile kostenlose Beratungen; außerdem leite ich ein Unternehmen, eine Kirche, mehrere Studiengruppen, Salons und so weiter und so fort ... Wo bleibt da noch Zeit für eine Beziehung, und wie unfair wäre das - für beide?

Man sucht sich seinen Weg und seine Ziele und seine Zukunft aus, lernt hoffentlich aus der Vergangenheit und lebt glücklich mit dem, was man hat, bis man den Heimweg antritt. Ich lebe in meinem eigenen Haus, aber nur zehn Minuten entfernt von all meinen Angehörigen. Natürlich arbeite ich hart, aber ich liebe meine Arbeit und die Menschen, denen ich begegne und für die ich Readings mache. Mit meinen 70 Jahren werde ich allmählich etwas langsamer, aber angeblich schlauche ich immer noch alle anderen. Ich habe zwar keinen Mann, aber wunderbare Freunde und sehr liebe männliche Begleiter. Ich möchte nicht mehr heiraten, aber ich beglückwünsche jeden, der zu diesem Schritt bereit ist. Die Sache mit der Ehe habe ich hinter mir, der Schwerpunkt hat sich für mich verlagert: auf meine Familie, auf Gott und Sie alle.

Ob ich mich zur Ruhe setze? Niemals! In unserer Familie setzt man sich nicht zur Ruhe. Mein Vater arbeitete mit mir zusammen, bis er 85 war, und meine Großmutter machte noch mit 88 Readings. Ich bin überzeugt, dass man stirbt, wenn man aufhört. Warum auch aufhören? Warum nach Disneyland fahren und dann nur eine Runde fahren? Meine Tante sagte: "Das Leben ist ein Festmahl!" Warum also nicht von allem probieren? Auf diese Weise lernt man mehr, bleibt jung und wach und bekommt ein Gefühl für die Vollendung im göttlichen Sinn.

Alles Gute im Leben geht mit schweren Schlägen einher, damit wir Erfahrungen sammeln und unser Wissen erweitern. Man hat mich kritisiert, in Frage gestellt, belogen, diffamiert, angefeindet und sogar gehasst, und das alles hat aus mir einen besseren und weiseren Menschen gemacht. Ich werde in meinem Glauben nie nachlassen und meine Integrität nie aufs Spiel setzen, was auch immer über mich verbreitet wird. Ich weiß, was ich weiß, ich weiß, woran ich glaube, ich kenne meinen Gott, und ich weiß, dass ich weiterhin möglichst vielen Menschen mit meinen Gaben zu helfen versuche.

Das Leben wird zu einem Ganzen aus Stärke und Freude, wenn man seine Talente einsetzt, um anderen zu helfen. Wenn man zusammenhält und sein Wissen mit anderen teilt, fühlt man sich nicht mehr allein. Ringen Sie also nicht mehr verzweifelt die Hände, weil Sie vermeintlich gescheitert sind oder Schuld auf sich geladen haben, sondern raffen Sie sich auf und füllen Sie Ihr Leben mit der Liebe aus, die an jeder Ecke auf Sie wartet. Versuchen Sie, sich an gute Zeiten zu erinnern, und gewähren Sie den Ihren alle Unterstützung. Und wenn Sie einen Durchhänger haben, denken Sie daran, dass Gott jede Lücke im Leben füllt - Sie müssen nur Ihr Herz öffnen.

## Nachwort

Ratgeber, die einen auf die Ehe vorbereiten, und andere mit Tipps für bereits Verheiratete gibt es schon. Ich wollte das vorliegende Buch daher etwas anders ausklingen lassen, und zwar in Form einer Liste, die die denkbar schlechtesten Gründe für eine Eheschließung enthält. Es gibt nur einen wahren Grund für die Ehe – und das ist Liebe. Wenn Sie eine Heirat also aus einem der nachstehend aufgeführten Gründe erwägen, ist es um Ihre Chancen für eine erfolgreiche Verbindung schlecht bestellt.

*Heiraten Sie nicht, bloß weil ...*

1. Sie von zu Hause wegwollen.
2. Sie Angst haben, sonst niemanden mehr zu finden.
3. alle anderen es auch tun.
4. Sie Ja zum erstbesten Partner gesagt haben, der Sie gefragt hat, weil Sie nicht als Junggeselle oder als alte Jungfer enden wollen.
5. die Leute denken könnten, mit Ihnen stimme etwas nicht, wenn Sie nicht verheiratet sind.
6. Sie sich finanzielle Sicherheit wünschen.
7. Ihre Familie Sie zu einer Hochzeit drängt.
8. Sie den Eindruck haben, als Single immer nur das "fünfte" Rad am Wagen zu sein.
9. Sie Kinder haben wollen.

**1. Sie wollen weg von zu Hause.** Viele Menschen wollen ihr Elternhaus verlassen und hinaus in die Welt. Die Ehe sollte allerdings nicht als Katalysator dienen. Lieber nimmt man sich zunächst eine eigene Wohnung oder zieht in eine WG oder auch mit seinem Freund oder seiner Freundin zusammen, bevor man sich in eine Ehe stürzt, nur damit die Flucht gelingt. Wir sollten uns immer auf ein Ziel zubewegen, statt vor etwas davonzulaufen.

**2. Sie haben Angst, sonst niemanden mehr zu finden.** Das ist lächerlich. Wenn Sie ernsthaft heiraten wollen, stehen die Chancen gut, dass Ihr Lebensentwurf das auch vorsieht. Sie werden jemanden finden, wenn Sie genügend Selbstachtung haben und eine gesunde Spiritualität, denn ich glaube, dass Sie in der Lage sind, zu lieben und geliebt zu werden. Stellen Sie Ihr Licht nicht unter den Scheffel, sondern treten Sie eher ein wenig ins Rampenlicht.

**3. Alle anderen tun es auch.** Wo steht geschrieben, man müsse bis zu einem bestimmten Alter verheiratet sein? Wenn Sie sich unter Freunden und Bekannten umsehen, werden Sie sehen, wie viele Menschen damit schon falschlagen. Lieber findet man mit 50 jemanden, der einen glücklich macht, statt sich mit 20 für jemanden zu entscheiden, mit dem man kreuzunglücklich ist, und zwar für einen längeren Zeitraum ...

**4. Sie haben Ja zum erstbesten Partner gesagt, der Sie gefragt hat, weil Sie nicht als Junggeselle oder als alte Jungfer enden wollen.** Das kann kulturell bedingt sein, so wie in Indien oder anderen Ländern Mädchen noch vor Beginn der Menstruation verheiratet werden. Bis vor einigen Jahrzehnten heirateten die meisten Frauen noch im Teenageralter, was auch mit der Lebenserwartung zu tun hatte (noch vor 100 Jahren erreichten viele nicht das 40. Lebensjahr). Doch aus dem Gefühl, heiraten zu müssen, weil es jeder andere auch tut und man ansonsten “außen vor” ist oder “etwas verpasst”, spricht die reine Angst. Sie dürfen keine Zugeständnisse machen, wenn es um Ihre Moralvorstellungen oder Ihre Erwartungen an einen Partner geht. Noch einmal: Lieber keine Ehe als eine, in der man furchtbar unglücklich ist.

**5. Die Leute könnten denken, mit Ihnen stimme etwas nicht, wenn Sie nicht verheiratet sind.** Ja, manche sagen vielleicht sogar hässliche Dinge, wenn man nicht verheiratet ist, aber die Frage ist, warum. Sind sie glücklich in ihrem Leben - oder bloß neidisch auf Ihr Singledasein? Wenn Sie Ihre eigenen Ziele im Auge behalten und anspruchsvoll genug sind, damit Ihre Erwartungen sich auch erfüllen - vor allem hinsichtlich Ihrer Wünsche an einen Gefährten, Liebhaber und spirituellen Vertrauten -, dann kommt die Liebe irgendwann auch zu Ihnen.

**6. Sie wünschen sich finanzielle Sicherheit.** Aus Gründen der finanziellen Sicherheit zu heiraten, ist wirklich dumm, weil es dem eigentlichen Zweck der Ehe zuwiderläuft. Ich kann mir nicht vorstellen, wie man sich an einen Menschen binden kann, den man nicht liebt, aber wenn man es tut, wird man sehr schnell feststellen, dass das Leben sinnlos wird. Schließlich steht hinter der Ehe der Gedanke einer Verbindung aus Liebe - und nicht aus Bequemlichkeit. Mit Geld kann man sich kein Glück kaufen, sondern nur Dinge. Was also, wenn man nur aus diesem Grund heiratet und die Ehe dann in die Brüche geht? Natürlich kann man zu einer Einigung finden, aber wie trist wäre das?

Wenn es Ihnen um Geld geht, dann machen Sie Karriere. Die eigene finanzielle Sicherheit wird Ihr Selbstwertgefühl erheblich steigern. Dem eigenen Lebensentwurf zu entsprechen, heißt, Verantwortung für sich als Mensch zu übernehmen. Um des Geldes willen zu heiraten, ist ein niederer Beweggrund, mit dem Sie spirituell betrachtet sicher keinen Blumentopf gewinnen.

**7. Ihre Familie drängt Sie zu einer Hochzeit.** Als ich 18 war, lag mir meine Großmutter väterlicherseits ständig in den Ohren, ich solle heiraten und eine Familie gründen, wohingegen die Frauen in der Familie meiner Mutter nicht vor dreißig verheiratet waren und ihre Kinder sogar noch später bekommen haben (meine Mutter war 42, als ich zur Welt kam, und bei meiner Schwester 48), was für damalige Verhältnisse sehr progressiv war. Großmutter Ada war der Überzeugung, man solle "sich Zeit lassen, da es sich schließlich um eine lebenslange moralische und spirituelle Verpflichtung handelt." Es gibt keinen Zeitplan für die Hochzeit - wenn es sein soll, dann geschieht es auch zum richtigen Zeitpunkt. Und wie schon gesagt: Man folgt seinem Lebensentwurf - ob man will oder nicht.

**8. Sie haben den Eindruck, als Single immer nur das "fünfte" Rad am Wagen zu sein.** Das stimmt aber nicht. Wenn Sie Ihre eigenen Vorstellungen haben, sich über die Geschehnisse auf dem Laufenden halten und freundlich und umgänglich sind, dann sind Sie auch überall gern gesehen. In meiner ersten Ehe war ich so oft ohne meinen Mann unterwegs, dass viele nicht einmal von meiner Ehe wussten. Wie viele Paare kennen Sie, bei denen einer entzückend und der andere ein wortkarger Sonderling ist? Sie oder Ihr Partner müssen nicht ständig Partylaune verbreiten, aber die Tatsache allein, dass Sie verheiratet sind, sagt noch nicht viel über Sie aus; anders verhält es sich da mit der Seele.

**9. Sie wollen Kinder haben.** Auch das ist ein egoistischer Grund, der mit Liebe nicht viel zu tun hat. Zudem muss man heutzutage nicht verheiratet sein, um Kinder zu haben. Es gibt so viele Alleinerziehende durch Scheidung oder Unverheiratete, die auch Kinder bekommen oder adoptiert haben. Es gibt Samenbanken und Leihmütter und viele Waisenkinder, die ein liebevolles Zuhause brauchen. Sie müssen keine ungewollte Bindung eingehen, nur um Kinder zu haben; wenn Sie es dennoch tun, werden die Chancen, dass Ihre Familie unglücklich wird, dramatisch steigen.

❋ ❋ ❋

Kinder sind ein wichtiger Bestandteil der meisten Ehen, und viele Menschen wollen Kinder, aber wie sieht es mit denen aus, die keine wollen? Nachdem ich Ihnen schlechte Gründe für eine Ehe genannt habe, möchte ich jetzt einige der schlechtesten Gründe aufzählen, aus denen man Kinder in die Welt setzen kann.

*Sie sollten keine Kinder bekommen, wenn Sie der Ansicht sind, dass ...*

1. Sie dadurch Ihre Ehe retten.
2. alle anderen schließlich auch welche haben.
3. man Sie sonst für egoistisch halten könnte.
4. Sie auf keinen Fall Vater oder Mutter werden wollen.

**1. Sie wollen Ihre Ehe retten.** Vermutlich einer der schlechtesten Gründe für ein Kind. Es gibt zig Gründe, ein Kind in die Welt zu setzen, aber es sollte unter anderem nicht deshalb sein, weil man etwas kitten will, das nicht mehr zu kitten ist. Wenn Ihre Beziehung auf der Kippe steht, wird sie durch ein Kind nicht gerettet. Die Probleme nehmen eher zu. Einer der Partner kann sogar das Gefühl haben, übergangen oder in eine Falle gelockt worden zu sein. Kinder sind ein Segen Gottes, aber man muss sich ihnen von ganzem Herzen widmen. Wenn sie in ein Zuhause hineingeboren werden, das bereits unglücklich ist, wird allen Beteiligten Schmerz zugefügt, und die Hauptleidtragenden sind die unschuldigen Kinder.

**2. Alle anderen haben schließlich auch welche.** Das ist dasselbe wie: "Alle sind verheiratet, warum also nicht auch ich?" Aber es ist schlimmer. Wir reden über ein Menschenleben, für das Sie verantwortlich sind. Es geht nicht um irgendein Beiwerk, das automatisch mit der Ehe kommt (obwohl es, wenn die Rahmenbedingungen stimmen, für alle Beteiligten ein großartiger Gewinn ist). Prüfen Sie Ihre Beweggründe, und wenn Sie aus reinen Motiven handeln, entscheiden Sie sich für ein Kind. Aber tun Sie es nicht, weil Sie sich ausgeschlossen fühlen. Ein Kind ist keine Ware, sondern eine lebendige Seele, die Ihnen von Gott anvertraut ist.

**3. Man könnte Sie sonst für egoistisch halten.** Hier geht es wieder um kulturelle Normen. Wenn Sie sich Gedanken darüber machen, wie andere über Sie denken, dann verzichten Sie bitte auf Kinder. Und wenn Sie nicht das Gefühl haben, etwas mit Kindern anfangen zu können, dann ist es noch viel egoistischer, welche zu bekommen, als auf sie zu verzichten. Das Kind wird keinen Nutzen davon haben, und ob Sie es glauben oder nicht: Es wird Ihre Ablehnung spüren.

**4. Sie wollen auf keinen Fall Vater oder Mutter werden.** Viele Menschen lieben Kinder, wissen aber schon in jungen Jahren, dass sie keine eigenen wollen. Das ist völlig in Ordnung. Ich kenne viele Menschen, die ohne Kinder glücklich sind, ebenso wie solche, die Kinder haben und unglücklich sind. Die Ursache dafür (wie für so vieles) liegt manchmal in früheren Leben, in denen wir viele Kinder hatten, so dass wir in diesem Leben keine wollen. Was auch immer die Gründe sein mögen: Wenn Sie Ihren eigenen spirituellen Beweggründen folgen, liegen Sie nie falsch.

Es gab eine Zeit, da war ich überzeugt, ich würde Nonne werden. Das ging so weit, dass mich schließlich sogar zwei Orden aufgenommen hätten: die Franziskanerinnen und St. Joseph of Carondelet, aber dann dachte ich daran, wie sehr ich mir immer Kinder gewünscht hatte. Obwohl ich also eine Weile hin- und hergerissen war, entschied ich mich schließlich für die Ehe und Kinder (und kann bis heute keine gregorianischen Gesänge hören, ohne einen Kloß im Hals zu haben). Es sollte so sein - auch wenn ich vier Fehlgeburten hatte, bevor Paul auf die Welt kam. Wie sagte er so treffend mit zwei Jahren: "Mann, oh Mann, ich habe bestimmt ganz schön lange gebraucht, bis ich hier war."

Nach Chris' Geburt hatte ich drei weitere Fehlgeburten. Damals gab es noch keine Fertilitätsforschung in dem Sinne, und irgendwann fand ein Arzt heraus, dass ich zu wenig Schilddrüsenhormone produzierte. Es war also gar nicht so einfach für mich, meine Söhne auf die Welt zu bringen, aber es sollte so sein, und ich habe meinen Lebensentwurf erfüllt.

Was den richtigen Partner angeht, so sagte Großmutter Ada immer, das sei wie beim Baumwollepflücken: Einige Büschel sind weiß und rein, und andere sehen gut aus, stecken aber voller Rüsselkäferlarven. Ich bin sicher, dass wir alle schon einmal der Ansicht waren, die reinste Baumwolle gefunden zu haben, um dann herauszufinden, dass sie mehr Käfer enthielt, als wir ertragen konnten. Dennoch ist die Auswahl entscheidend, und wenn sie nicht zu unserer Zufriedenheit verläuft, so ist es auch nicht unbedingt unsere Schuld.

Was auch immer Sie im Leben also durchmachen: So lange Sie Ihre Hände in Gottes Hände legen, liegen Sie goldrichtig. Und wenn es auch keine handfesten Regeln für's Glücklichsein gibt, so dürfen Sie sich wirklich glücklich schätzen, wenn Sie sich mit geliebten Menschen umgeben können.

Nehmen Sie Ihren Gärtner, Ihre Nagelpflegerin, den Metzger, den Automechaniker und all die anderen Menschen in Ihrem Leben ... Sie sind Teil eines wunderbaren Puzzles der Liebe und der Erkenntnis. Jeder Mensch, dem man begegnet, fördert diese Erkenntnis auf seine Weise, und so entsteht immer mehr Licht, wenn man dem anderen liebevoll und fürsorglich begegnet.

Sie müssen nicht in die Berge fahren und dort zum Schrei ansetzen, um wenigstens in der eigenen Stimme die Worte *Ich liebe dich* zu hören. Wohin Sie auch sehen, überall sind Menschen, mit denen man spirituell in Verbindung treten kann, und das alles ist Teil des göttlichen Plans.

Gott liebt dich. So wie ich auch ...
Sylvia

# Über die Autorin

**Sylvia Browne** ist eine New York Times Bestseller-Autorin und ein weltbekanntes Medium, das in den USA regelmäßig im Fernsehen zu sehen ist, u. a. in Larry King Live. Mit ihrer bodenständigen Persönlichkeit und ihrem Sinn für Humor begeistert Sylvia ihr Publikum auf ihren Lesereisen und ihren übrigen öffentlichen Auftritten. Trotzdem findet sie immer noch die Zeit, einige sehr erfolgreiche Bücher zu publizieren, und sie plant, dies so lange zu tun, wie sie einen Stift halten kann ...

Sylvia ist die Präsidentin der Sylvia Browne Corporation sowie die Gründerin ihrer eigenen Kirche, der Society of Novus Spiritus, in Campbell, Kalifornien.

# NOTIZEN

# Notizen

312 Seiten, broschiert
ISBN 978-3-89845-257-1
€ [D] 16,90

### Denise Linn

## Vergangene Leben – gegenwärtige Wunder

Wunder können tatsächlich in unserem Leben geschehen – einfach und mühelos. Dazu ist es nur notwendig, sich daran zu erinnern, wer wir wirklich sind ...
So sind wir in der Lage, die Blockaden aufzulösen, die zwischen uns und unserer Seele stehen. Fast all diese Hindernisse haben ihre wahren Wurzeln in einem vergangenen Leben: Es ist also hilfreich, in unsere früheren Inkarnationen zurückzukehren, um sie zu überwinden.
In diesem Buch lernen Sie, wie Sie in diese vergangenen Leben zurückreisen können, um Licht auf Ihre jetzigen Probleme zu werfen und sich endlich die Realität zu erschaffen, die Sie sich schon immer gewünscht haben.
Vertrauen Sie der amerikanischen Erfolgsautorin Denise Linn, und folgen Sie ihr in diesem Buch auf eine Seelenreise in die Zeit – leicht, ungefährlich und voller Wunder.

208 Seiten, broschiert,
ISBN 978-3-89845-259-5
€ [D] 14,90

### Richard Webster

## Dein Seelenpartner wartet ...

Der Bestsellerautor Richard Webster hat entdeckt, dass – irgendwo – jeder Einzelne von uns einen Seelenpartner hat. Diesen zu finden, das ist kein hoffnungsloser Traum, sondern absolut machbar – Sie müssen lediglich bereit sein dafür.
Lesen Sie dieses Buch, und Sie werden die Hintergründe von Inkarnation, Karma und Seele verstehen lernen, und über zahlreiche Fälle von Seelenpartnern lesen.
Praktische Meditationen und spezifische Übungen werden es Ihnen ferner erleichtern, sich selbst für die Liebe zu öffnen, um so Ihren Seelenpartner anzuziehen.
Das Band, das Seelenpartner verbindet, reicht weiter als »bis dass der Tod euch scheidet« – denn wahre Liebe stirbt nie.

184 Seiten, gebunden
ISBN 978-3-89845-242-7
€ [D] 17,90

### Brenda Barnaby

## Das Geheimnis hinter "The Secret"

Alle Geheimschlüssel der populären Botschaft, die Rhonda Byrne in ihrem Werk "The Secret – Das Geheimnis" verkündet, werden hier enthüllt, um jedem von uns Zugang zu seinem eigenen Weg zu vermitteln. Daneben enthält dieses Werk eine Sammlung von Tipps und Methoden zur Persönlichkeitsentwicklung, die von den bedeutendsten Experten unserer Zeit auf dem Gebiet des Positiven Denkens stammen. Sie halten hiermit zweifelsohne ein Buch von unschätzbarem Wert in Händen, das Ihr Leben verändern kann, wenn Sie bereit sind für ein Leben voller Erfolg, Wohlstand, Gesundheit und Harmonie.

238 Seiten, broschiert
ISBN 978-3-89845-194-9
€ [D] 13,90

Anne Meurois-Givaudan & Dr. med. Antoine Achram

## Auralesen und alte Therapien der Essener

***Von der Autorin des Bestsellers »Essener Erinnerungen«***

Wenige Bücher über das Thema Heilen gehen so weit wie dieses im Bezug auf das Verständnis von Krankheiten, denn hier werden diese als eine Reaktion auf feinstofflicher Ebene interpretiert und auch auf dieser behandelt - ein bemerkenswerter Ansatz zum Verständnis der energetischen Medizin. Eine interessante Einführung in eine vergessene Heiltechnik, die von der Autorin seit vielen Jahren mit großem Erfolg angewandt wird.

498 Seiten, broschiert
ISBN 978-3-89845-196-3
€ [D] 24,90

Claudia Rainville

## Metamedizin

***Jedes Symptom ist eine Botschaft***

Warum bin ich krank? - Dieser Frage geht die Autorin in diesem umfangreich dokumentierten Buch nach und kommt zu dem einfachen, aber weit reichenden Schluss, dass die Symptome einer Krankheit als Botschaften des Körpers zu verstehen sind. Dank der vielen Fallbeispiele aus ihrer über zwanzigjährigen Forschungs- und Therapiearbeit liest sich dieses Buch wie eine spannende Dokumentation zum Thema Gesundheit.

144 Seiten, broschiert
ISBN 978-3-89845-193-2
€ [D] 12,90

Daniel Meurois-Givaudan

## Karmische Krankheiten

***erkennen – verstehen – überwinden***

Dieses in seiner Art einmalige Buch versteht den Menschen als eine Folge von verschiedenen Reinkarnationen, wobei jede unterschiedliche Spuren hinterlassen hat, die sich im jetzigen Leben als Krankheit manifestieren können und die die traditionelle Medizin weder verstehen noch heilen kann. Ein erfahrener Therapeut mit medialen Fähigkeiten und einem tiefen Verständnis des Menschseins vermittelt hier einen einmaligen Einblick in die Komplexität von Krankheiten.

288 Seiten, broschiert
ISBN 978-3-89845-060-7
€ [D] 6,95

Elizabeth Clare Prophet & Patricia R. Spadaro

## Karma in der Praxis

***– Die Zukunft gestalten***

Klein in Format und Preis – groß im Inhalt: Das ist das Konzept unserer erfolgreichen Reihe kleiner praktischer Ratgeber.
Der dritte Band, »Karma in der Praxis – die Zukunft gestalten«, behandelt anschaulich die Themen Karma und Reinkarnation. Denn wir sind alle schon einmal hier gewesen ...
»Karma in der Praxis« zeigt dem Leser anhand von praktischen Beispielen, wie Aktionen aus seinem früheren Leben – gute oder böse – mit seinem heutigen Leben zusammenhängen. Er lernt aber auch viel über Gruppenkarma und erfährt, was die großen Lehrer der westlichen und östlichen Welt, wie z. B. Jesus und Konfuzius, über Karma und Reinkarnation lehrten. Doch vor allem lernt der Leser, wie er karmische Begegnungen als große Chancen für seine Zukunft zu nutzen vermag.

176 Seiten, broschiert
ISBN 978-3-89845-206-9
€ [D] 6,95

Elizabeth Clare Prophet & Patricia R. Spadaro

## Praktische Spiritualität

***Medizin für die Seele***

Knüpfen Sie ein enges Band zu Ihrem Geist – dieser Ratgeber für den Alltag zeigt Ihnen in praktischen Schritten, wie Sie inmitten der Wirren und der Hektik des Alltags in Resonanz mit Ihrem Geist bleiben können, wie Sie auf die noch zarte Stimme in Ihrem Innern zu hören lernen und wie Sie am besten im Hier und Jetzt leben. Zusätzlich bietet er kreative Techniken, die Sie einsetzen können, um sich und Ihr Umfeld auf eine höhere Ebene zu heben.

176 Seiten, broschiert
ISBN 978-3-89845-126-0
€ [D] 6,95

Elizabeth Claire Prophet

## Seelenpartner & Zwillingsseelen

***Die spirituelle Dimension der Liebe und unserer Beziehungen***

Die Suche nach der wahren Liebe und nach dem perfekten Partner ist wohl das am meisten behandelte Thema der Weltgeschichte überhaupt. Tatsächlich ist dieser Wunsch nach erfüllender Liebe jedoch eine Suche nach Ganzheit.
„Seelenpartner und Zwillingsseelen" enthüllt mit Wärme und Weisheit die spirituelle Dimension von Beziehungen und zeigt neue Wege auf, um zu Ganzheit und wahrer Liebe zu finden. Sie lernen viel Wissenswertes über Seelenpartner, Duale und karmische Partner, und man beginnt zu verstehen, weshalb man gerade bestimmte Liebschaften in sein Leben zieht – sogar, warum selbst die schwierigste Beziehung geradezu ein Sprungbrett zur perfekten Liebe sein kann.

384 Seiten, gebunden
ISBN 978-3-89845-014-0
€ [D] 24,90

Trutz Hardo

## Das große Karmahandbuch

*Wiedergeburt und Heilung*

Deutschlands bekanntester Rückführungstherapeut Trutz Hardo legt hier ein umfassendes Grundlagenwerk vor, das sowohl die Allgemeinmedizin als auch die Psychotherapie mit einem neuen Heilansatz konfrontiert – und sie womöglich revolutioniert.
Neueste empirische Forschungsergebnisse aus der Rückführungstherapie zeigen, dass die meisten physischen und psychischen Krankheiten schon in früheren Leben verursacht wurden und sich im heutigen Folgeleben als Symptome manifestieren. Während einer Rückführung kann die Ursachensetzung in jenen früheren Leben aufgelöst werden und Heilung wird möglich – zahlreiche Beispiele belegen es!

216 Seiten, broschiert
ISBN 978-3-931652-59-3
€ [D] 15,90

Trutz Hardo

## Reinkarnation aktuell

*Kinder beweisen ihre Wiedergeburt*

In diesem Buch wird berichtet, wie Kinder in überzeugender Weise über ihr vorausgegangenes Erdenleben erzählen und wie Wissenschaftler – allen voran Professor Ian Stevenson – diesen Berichten nachgehen, sie wissenschaftlich überprüfen und zu der Überzeugung kommen, dass die Angaben der Kinder richtig sind. Besonders sind solche Fälle überzeugend, in denen Kinder mit fehlenden Gliedern zur Welt kommen, jedoch genau beschreiben können, wo und wann sie diese in einem früheren Leben verloren hatten, wer ihre Eltern und Verwandten waren und wo sie gewohnt hatten. Die dann wissenschaftlich vorgenommenen Überprüfungen bestätigen genau diese Angaben.

248 Seiten, gebunden
ISBN 978-3-89845-002-7
€ [D] 14,90

Pierre de Forêt

## Die Weisheit deiner Seele

*Einblicke in höheres Wissen*

Literatur, die sich spirituellen Themen widmet, lässt die Leserschaft häufig mit vielen sich daraus ergebenden Fragen zurück. Der Autor wendet sich diesen Fragen zu. Sein „Begleiter" weicht auch heiklen Fragen nicht aus und führt die Leserschaft mit seinen tiefgründigen Antworten behutsam an verschüttetes Wissen der eigenen Seele heran. Was erwartet uns nach unserem Tod? Wer bestimmt den Zeitpunkt unseres Todes? Worin liegt der Sinn unserer uns manchmal sinnlos erscheinenden irdischen Existenz?